続・図書館空間のデザイン

実践3事例とICT導入法

益子一彦 著

丸善出版

はじめに

　私はこれまでに、『図書館/建築/開架/書架』（1999年）、『図書館空間のデザイン』（2011年）という図書館建築に関する2つの著作を出してきた。前者は下館市立図書館（現筑西市中央図書館）という実作について記したものであり、後者は実践から得た図書館建築の考え方を記したものである。いずれも、私たちの実践や考え方を世にさらすことで、後から誕生する図書館建築に役立ててもらうことを意図した。

　しかし、時は瞬く間に過ぎていく。『図書館/建築/開架/書架』からは18年、『図書館空間のデザイン』からも6年が経過した。世の中の情勢も変わり、図書館という存在自体が変化の中にある。変化の渦の中で、さまざまなことがオールドファッションになっていく。同時に、私たちを取り巻く情勢も変化していく。

　私たちは理論家でも研究者でもない。いただいた機会を具体化する、実務を旨とする建築家である。現実となった建築こそが私たちの生きた証である。幸いなことに、この5年間で7件の図書館建築と関わることになった。同時期にいくつかの図書館のプロジェクトを進行させることで、私自身が考えてきたことと私たちが理論化したことが現実となった。しかも、重ねて幸いなことに、それらは従来の図書館の枠組みを超えることが求められるものであった。

　国内の図書館建築についての実例は少なくはない。けれども、実践の記録は希少である。改めて自らの足跡を記録に残して、私たちの思考と実践の一貫性を検証する必要があるという自覚が芽生えた。

　本書は、私たちの実践における検討過程とその結果を整理しようという試みである。したがって、汎用性のある、模範的な教科書というわけではない。そのことをお断りしておかなくてはならない。

　第1章は、私が見てきた図書館の変化と、その渦中で関わってきた図書館建築の概括である。本題の序章としてお目通しいただきたい。

　第2章から第4章は、私たちが関わった3つの図書館建築の近作について、写真と図版を主体として、そこへ至る考え方を付記した。最新の図書館建築の図録として見ていただきたいと考えてのことだ。建築家の立場から図書館を考察するものではあるが、図書館に関わる建築を専門家としない方々、そして、少しでも図書館に関心のある方々にご覧いただきたいと思っている。

　第5章は、計画する図書館にICTを導入する際にあらかじめ備えておくと都合のよい知識と、実践にあたっての注意点を列記した。図書館の建築設計に関わる方々や図書館の設置や運営に関わる方々との間に、図書館のICTに関する共通言語を提供したいと考えたからである。これもまた、規範を示すことを意図するものではなく、私たちの実践結果を記したものである。

　繰り返しになるが、本書は私たちの実践記録であり、実践に伴い発生した課題とその解決手法の集積である。そこに多くの批判をいただくことで、よりよい未来の図書館建築への捨石のようなものになればと思っている。私たちの経験を私たちの内側だけに留めおくよりも、私たちにとっても収穫になるからである。

　あわよくば、図書館を設置する方々、運営する方々、設計する方々に何かしらお役立ていただけることがあれば、幸いである。

2017年12月

益子　一彦

目　次

第1章　図書館建築の実践と課題

1. 変化の中での実践

　私は、修行時代を含めて 30 年に渡り公共図書館の建築に関わり、その間に約 20 件の図書館の設計を手掛けてきた。常に「いかに建築をつくるか」「図書館の建築をいかにつくるか」が課題であった。

　必ずしも短くはない時間経過のなかで公共図書館の変化を目の当たりにしてきた。大きな変化は三度あった。一度目は 1980 年代の「市民の図書館」の考え方が普及した時期であり、二度目は 1990 年代半ばの「滞在型」への移行であり、そして今、三度目の「ICT 化の進展」の渦中にある。

　本章では、自らの図書館建築の関わりとともに、図書館建築がどのように変わってきたかを振り返ってみようと思う。

(1) 1980 年代

　私自身にとってはやみくもに公共図書館を学び始めたころのことだ。貸出重視の市民に開かれた図書館が謳われた時代、そして公共図書館が急速に普及しはじめた時代である。

　エポックメイキングとなったのは日野市立図書館であった。その後、日本中の多くの市町村立図書館が日野を参照してつくられた。

　三上建築事務所で設計した水海道市立図書館もそのうちのひとつである。地方では図書館を持たない自治体が多数を占めていた当時、人口 5 万人の地方都市に約 1,650 ㎡の公共図書館が誕生したことは画期的なことであった。

　少し遅れて、図書館の目録がデジタル化され、貸出・返却がコンピュータで行われるようになった。歩調を合わせるかのように、それまで図書館がなかった地方の自治体に図書館が誕生しはじめた。国内の好景気にも後押しされ、規模も拡大し、豪華になっていった。多くの図書館関係者がポスト日野を模索していた。

茨城県水海道市立図書館

(2) 1990 年代

　1995 年守谷中央図書館が開館した。私自身が本格的に図書館に関わりをもった建築であった。水海道市に隣接するほぼ同じ人口規模の自治体に誕生した図書館は、規模は 2 倍、建設予算は 4 倍となった。そして公共図書館にも BDS(Book Detection System) が導入されるようになった。15 年という時間の中での世の中の価値観が変わりつつあった。

茨城県守谷中央図書館

　二度目の変化は、1990 年代半ばにやってきた。守谷中央図書館が誕生した頃から語られ始めた。「市民の図書館」の貸出重視の考え方から、「滞在型」の図書館への移行であった。学び、集い、楽しむ、「生涯学習」という新たな考え方に符合するものでもあり、誤解を恐れずに言えば、バブル経済が崩壊し、図書館が無償のレジャー施設化した姿でもあった。1980 年代の図書館と比較して座席の数が劇的に増え、それに伴い床面積も大幅に増加した。「本を借りるところ」から「利用者が思い思いの時間を過ごす空間」へと変化し、公共図書館があるべき方向へ前進した。先鞭をつけたのは、佐賀県伊万里市立図書館といってもよいだろう。

　1998 年に下館市立図書館が開館する。この時期、全国各地で開館した新しい公共図書館同様に、滞在型の要素を盛り込むこととなった。川沿いのロケーションに恵まれた敷地を活用し、公共図書館のひとつの姿を見出すことになった。

　このようなふたつの大きな変化による成果は、その後の図書館に継承されることとなった。1990 年代半ば以降の公共図書館の空間は、「開かれた図書館」は至極当然のこととなり、「図書館の居心地のよさ」にも注視されるようになり、場としての図書館の充実が図られることとなった。

茨城県下館市立図書館

結城市民情報センター

北海道置戸町立生涯学習情報センター

茨城県潮来市立図書館

(3)2000年代

　21世紀に入って資料のデジタル化が進展し、2005年ころにはデジタルとアナログが共存する「ハイブリッド」なる呼称も生まれた。

　2004年には結城市民情報センターが開館する。図書館が扱う資料が本だけではなくなり、図書館という呼称では物足りなくなってきていた。ここでは、ICタグが導入され、自動貸出機も実用化された。また、公共図書館としては初となる自動化書庫を導入し、ノートパソコンの館内貸し出しサービスも行われるようになった。

　結城市民情報センターを設計していた最中の2002年に上海図書館国際フォーラムで参加したときのことを思い出す。

　私を日本から来た建築家だと知った外国の図書館研究者から「ITは図書館の建築を変えるか？」という質問を受けた。15年前の当時は未だIT(Information Technology)と呼ばれていた。そのときの私には、残念ながら今の状況は到底予見できなかった。

　結城市民情報センターとほぼ時を同じくして北海道置戸町立生涯学習情報センターが開館する。東京23区とほぼ同じ町域面積をもちながら人口4000人足らずの町で貸出日本一を誇った図書館の移転改築であった。また、2006年には茨城県潮来市立図書館が開館する。合併特例債を活用して潮来市にはじめて設立された図書館であった。

　前者は、図書館は町の誇りであり、町民生活のよりどころという古き良き時代の図書館を引き継ぐものであった。後者は建設費も資料費も運営費も乏しいなかで、なんとか図書館を持ちたいという切実なものであった。

(4)2010年代

　2010年ころからは公共図書館に本格的にICTが導入され始め、瞬く間に現代の図書館に不可欠なツールとなった。

　前述のふたつの図書館を完成させた後、私たちは実践からやや遠ざかっていたが、2013年に大分県・豊後高田市立図書館が開館する。もはやICタグは当然のものとなり、自動貸出・自動返却も特別のものではなくなった。それでも、現在からみれば未だつつましいものであった。

　この豊後高田市の図書館を契機に私たちの図書館の関わりは一変することとなった。

　そして今、三度目の変化の渦中にある。図書館のICTの進化である。

　ICTは建築とは比較にならない速度で進化し、しかも、多様化し、多彩になっている。貸出・返却の自動化・セルフサービス化をはじめとする各種システムの導入によって、現代の図書館には便利で快適な利用環境が実現している。さらに、デジタル・サイネージをはじめとした、インタラクティブに利用者を楽しませながら情報を提供する場に発展している。

　図書館関係者の目下の関心事は、「ICTの進化によって図書館建築は変わるのか変わらないのか」「変わるとすればどう変わるのか」である。

　2010年ころにはデジタル化による「図書館空間のデザイン」の変化がぼんやりと見えるような気がしてきていた。けれども、まだ霧の中のようなものだった。それが今、建築空間のデザインの変化の前髪が見え始めたように思える。それでもまだまだ不明瞭だ。

大分県豊後高田市立図書館

２．公共図書館の潮流

ICT 化の進展とほぼ並行して、「図書館での飲食」「他機能との複合化」「にぎわい創出」などという従来にはなかった新たな課題が提示されるようになった。

他の施設機能と図書館との複合は、公共施設再編をも含む、地方自治体における重要な課題である。それを消極的に捉えるのではなく、施設機能が複合することによる相乗効果をいかにして高めるかに積極的に取り組むことが求められている。必然的に、図書館は従来の公共施設からの脱却を模索しなければならなくなっている。

同様に、図書館にカフェが同居することも一般化し始めており、その是非はもはや意味をもたない。建築設計の立場からすれば、図書館機能とカフェを関係付けて、いかに有益なスペースとして構成するかということが課題となっている。

複合した課題は、もはや建築計画だけでは解決しない。併設される機能の運営が図書館と一元化されることが前提となり、なおかつ、運営計画との密接不可分の関係があって建築計画が成立する。そこには、ひとつの施設として開館時間が統一されるなどの副次的な課題も生じる。それらを照合し、調整することによって図書館と複合する他の機能とのボーダーが取り払われてはじめて、「図書館を核にする『機能の融合』」が可能になる。

さらに課題は重なる。図書館の集客力をいかに周辺に波及させるか、そのために建築としてどのような対応をするのか、施設単体の計画ではなくまちづくりの視点が求められている。

３．新たな図書館建築の実践

2017 年、私たちが関わった３つの図書館建築が出来上がった。玉野市立図書館・中央公民館が３月に、安城市中心市街地拠点施設「アンフォーレ」が６月に、そして、11 月に野々市市文化交流拠点施「学びの杜ののいち カレード」が開館した。

この３つの図書館はいずれも、図書館を主体とするものの単純な図書館ではなく、他の機能と複合している。

しかしながら、３つの図書館はいずれもが他の施設機能を併設するだけの従前の複合公共施設ではない。バッファを介することなく、図書館から他の機能に直接アクセスするものとしている。改めて分析すれば、図書館がその一部として他の機能を吸収しているのである。さらに、ICT が積極的に導入され、カフェも付帯する。

もちろんそれぞれに事業の背景も、施設の成り立ちも異なるものである。安城市中心市街地拠点施設「アンフォーレ」は、中心市街地の民間収益施設とともに計画された施設群のひとつである。また、野々市市市文化交流拠点「学びの杜ののいち カレード」は単体の施設ではあるが、近隣の既存施設との連携を図りながら、市民の学習や活動の拠点としてにぎわい創出を求められた。玉野市図書館・中央公民館は、民間商業施設の一部を公共施設にリノベーションすることで、中心市街地活性化の核になることが求められた。いずれもが、中心市街地の活性化のための重要な施設となることを見込まれ、その具体化を図ったものである。

そうした３つの図書館を、次章以降で新しい図書館の実例として示したい。

第2章　安城市中心市街地拠点施設
アンフォーレ

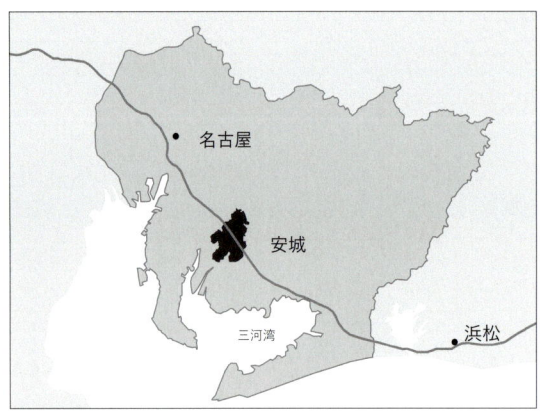

安城市の位置

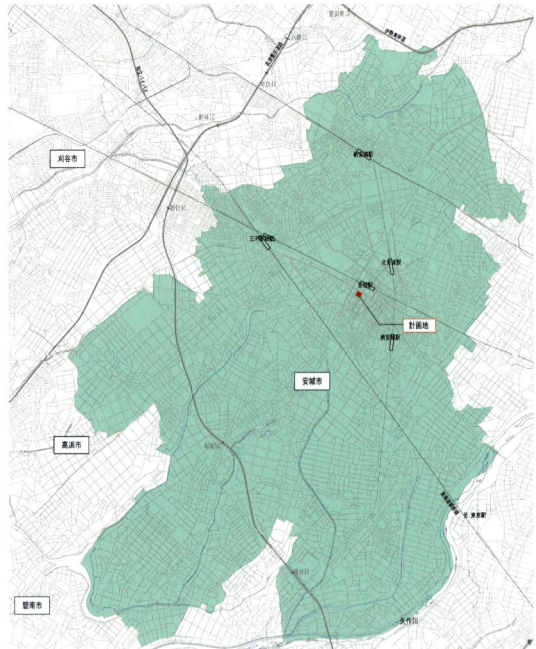

計画地の位置

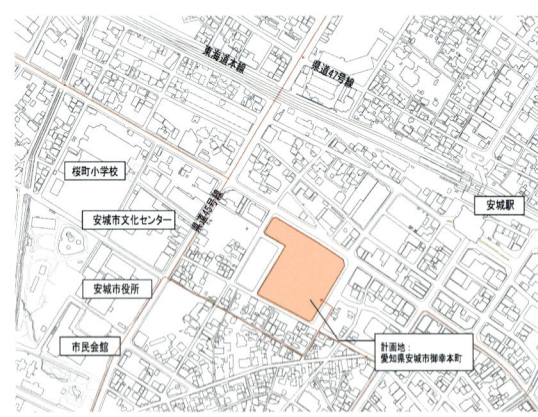

周辺地図

1. 敷地

(1) 愛知県安城市

　安城市は愛知県のほぼ中央に位置し、南北 14.7 km、東西 10.0 kmの市域を持つ平坦な場所である。

　市内中心地には JR 東海道線と名鉄線が通り、市西部には東海道新幹線の三河安城駅がある。それらの鉄道の駅を中心に市街地が形成されている。

(2) 安城市の中心市街地

　安城市の中心市街地は、JR 東海道線安城駅南口に集積している。

　JR 東海道線と平行する安城幸田線沿いに商店街が形成され、駅から西側へ 500 mほどのところにある市役所・市民会館あたりまで続く。その中で碧海信金本店と JA の建物が突出している。多くの地方都市がそうであるように、中心市街地に人通りは少なく、活気あるものではなかった。

2. 事業の概要

(1) 周辺との調和とにぎわいの創出

　敷地は、安城駅南口から西に向かい、商店街の集積がばらつきはじめるあたりにある。かつては総合病院があった。

　高いポテンシャルと可能性をもちながらも停滞する中心市街地を再び活性化させることが、本事業最大の命題であった。

　集客力の高い図書館がにぎわいを商店街に波及させ、中心市街地への人の流れを広げる役割を担うこととなった。既存の商店街と調和を図りながら、中心市街地のにぎわい創出を目指した。

(2)PFI 事業への参画

　この事業は、情報拠点施設・民間収益施設・駐車場・広場公園の 4 つの施設からなる PFI 事業として建設された。私たちは清水建設・スターツとともに組織したコンソーシアムに設計者として参画し、プロポーザルで事業者に選定された。

(3) 公共施設と民間施設の一体整備

　情報拠点施設と広場を公共施設として、民間収益施設と駐車場を民間施設として、これら4つの施設を一体的に整備することが求められた。

　情報拠点施設は、市の中央図書館を基本としながら、最新のICTを導入し、"新しい図書館像"が求められた。そこに、子育て支援・健康支援諸室・行政窓口・交流機能も付帯して利便性を高めながら、市民がいつでも気軽に訪れることのできることが付加された。設計は私たち三上建築事務所（建築意匠）と清水建設（構造・設備）が協働し、施工は清水建設・スターツ・丸山組JVが担当した。

　民間収益施設1階にはスーパーマーケットを誘致し、情報拠点施設を利用する市民の日常的な買い物等の利便性に高めることとなった。2階にはカルチャースクールを設けて、公共施設と民間施設との関係性の強化が図られた。設計施工をスターツCAMが担当し、駐車場と民間収益施設の運営はスターツグループが担当する。

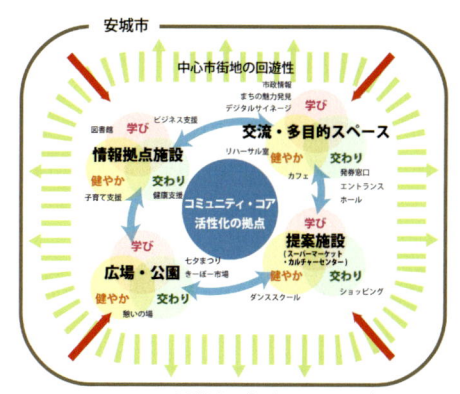

活性化の拠点としてのダイヤグラム

にぎわい創出のイメージ

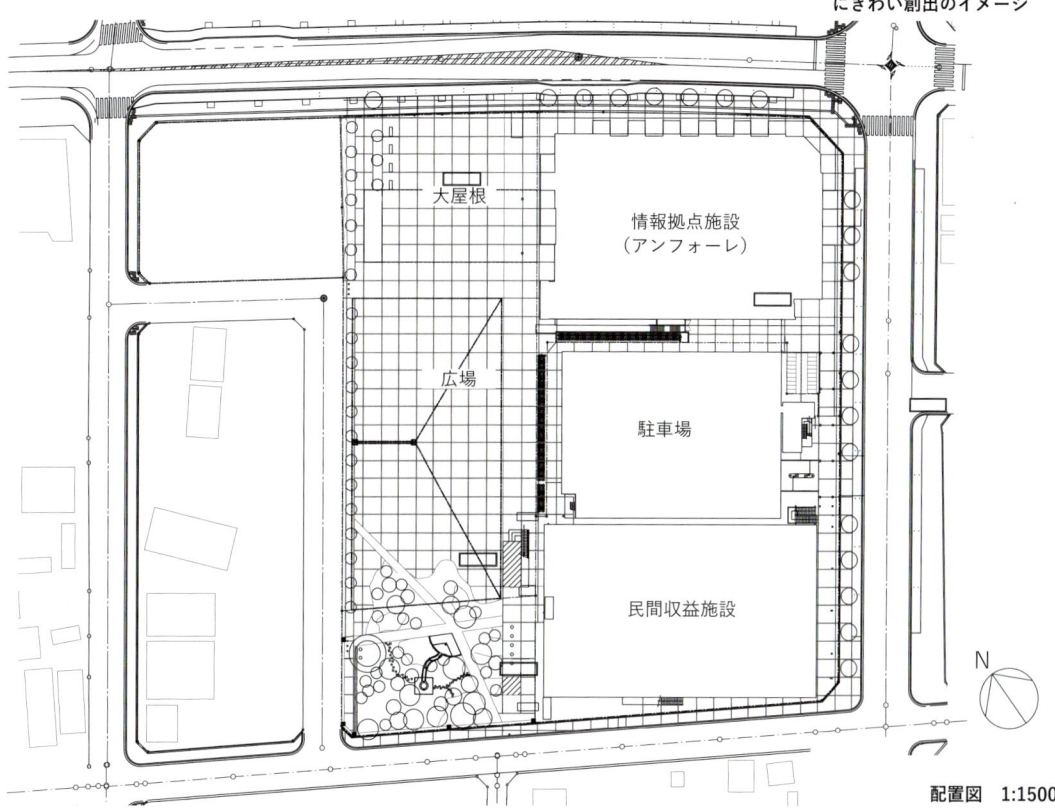

配置図　1:1500

突出する「でん」がプリズムのようにキラキラした表情をつくる

大屋根は大きなキャノピーであると同時に広場のゲートの役割をはたす

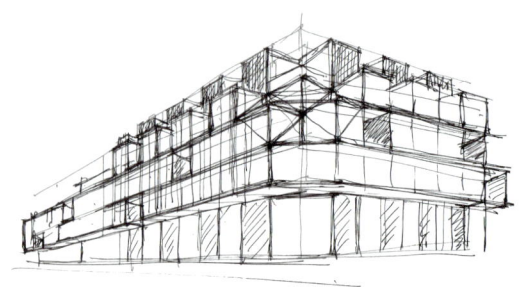

初期のスケッチ

初期のスタディ模型

3. 外観のデザイン

（1）3つの施設の配置と統一感の形成

　情報拠点施設（図書館）を北側、民間収益施設を南側とし、駐車場はふたつの建物の間に配置した。駐車場からどちらの施設へもアクセスしやすい構成とするためである。

　東側2階レベルにペデストリアンデッキ設けて、3つの施設をつないだ。駐車場から各施設への動線と同時に、公共施設と民間収益施設とをつなぐ動線とするためである。さらに、民間収益施設2階南側に広場・公園へ繋がる通路を設けて、ペデストリアンデッキから広場・公園への回遊性をつくり出している。

　3つの建物は、北側の情報拠点施設から駐車場、民間収益施設へと次第に低くなるようにボリュームを構成した。外壁はレンガの色を基調として、一団の施設としての一体感をつくり出した。また、建物の色彩や素材感を広場・公園、歩道にまで広げて街区全体の統一を図り、新たな中心市街地の様相をつくり出すことを意図した。

民間収益施設・駐車場・情報拠点施設の3つの施設をペデストリアンデッキでつなぐ

（2）新たな景観の創出

　施設群の中心となる情報拠点施設は5階建てである。最上階をセットバックさせることで、通りに対する圧迫感もやわらげ、中心市街地のスケール感と調和を図った。結果として、建物規模に比して小さく見える。

　外観の基本的なデザインモチーフは市松模様である。安城市の市街地形成やその周辺に広がる田園風景のメタファと、耐震要素を外周に集約する構造的なアイディアとを重ね合わせたものだ。各階の壁面と開口部の幅はともに3.6mと正確な1対1の比率で構成し、正方形に近い開口部を創り出している。

　表層はレンガ調タイルである。かつてこの地方でレンガが生産された。それは田圃の下の粘土層の土が用いられた。レンガは土のメタファであり、地盤面下のポテンシャルの隆起を意図したものである。

　さらに、突出するガラスのキューブが外観を特徴づける。安城市の名物である七夕飾りとも符合する。

基本設計時のスタディ模型

実施設計時のスタディ模型

特徴的な市松模様の外観

でんのインテリア

七夕まつりの様子

（3）外観を特徴づける「でん」

　2〜4階の外周部には、ガラスのキューブが突出する。これを「でん」と呼ぶことにした。

　「でん」とは、棲家としての「殿（でん）」であり、安城市に広がる田園の「田（でん）」でもある。また、姉妹都市のあるデンマークの「デン」とも、新美南吉の作品の「でんでんむし」の「でん」とも音として符合する。

　壁面に幅3.6mの開口部が市松に穿たれる。レンガ調タイルの壁体からガラスのキューブが突出し、もうひとつの市松模様を描き出す。

　そのでんの内部は、カウンター席やテーブル席、グループ席などのバリエーションを用意し、好みの居場所を見つけて長時間滞在できるスペースとした。でんに居る利用者の様子がそのまま街を彩ることになる。また、でんとでんの間は、下階のでんの屋上となり、外の空気に触れたり、携帯電話を使用するスペースになっている。

実施設計完了時のパース

東側入口

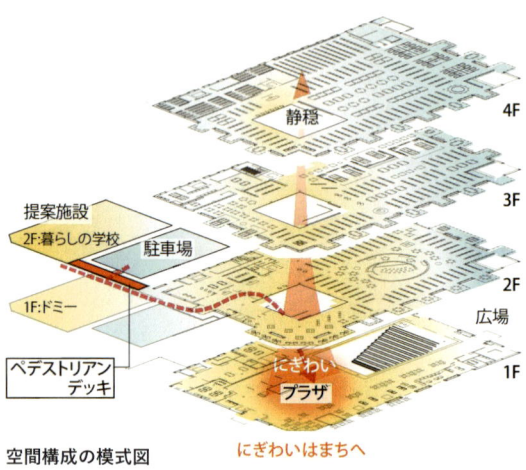

空間構成の模式図

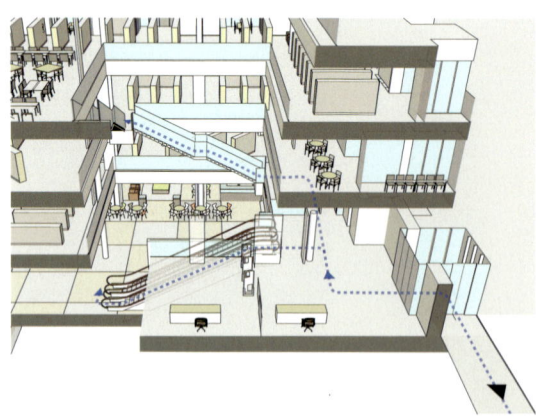

吹抜けのイメージ図

４．内部空間の基本構成

　５層からなる内部空間のうち、利用者のスペースは１〜４階に位置づけている。１階は市民の交流空間として、図書館スペースは２階から４階に設けている。

(1) ３つの入口

　入口は３か所に設けている。主たる入口は１階とし、商店街に通じる東側と広場に面する西側に設けた。駐車場・民間収益施設とつながるペデストリアンデッキからの入口を２階に設けた。

(2) 動から静へ

　内部空間は、下階から上階に上がるに従って「動から静」へ段階的に変化するように構成した。

　１階は出会いや交流、さまざまな催し物ができる「動」の空間である。２階から４階は図書館専用スペースとなる。２階はブラウジング、児童開架、子育て支援機能などの「やや動」の空間、３階はポピュラーブックを主体とする一般書架や健康支援など「やや静」の空間、４階は学術書架や地域資料等を排架する「静」の空間と位置づけた。

(3) 全館をつなぐ吹抜け

　１階エントランスホールの上部は４階までの吹抜けとしている。利用者スペース全体が認識でき、各フロア相互の関係が把握できるようにして動から静へ変化する空間構成を視覚化した。そして、ここに縦動線を集約した。

　主たる入口のある１階と駐車場からの入口のある２階の間にはエスカレーターを用意し、開架スペースのセキュリティを確保するBDSは２階に設けた。

　利用者用エレベータは、BDS外になる１〜２階間と、BDSの内側になる２〜４階間とに分けて用意している。

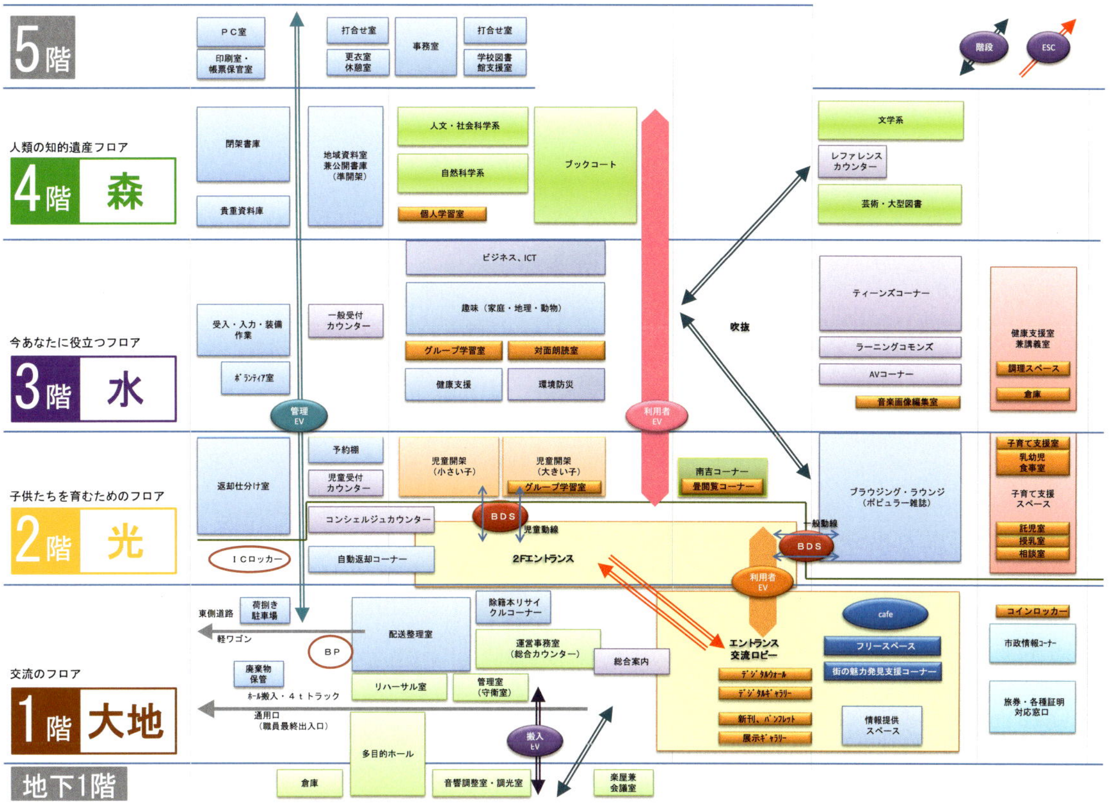

断面ダイヤグラム

5階
PC室 / 印刷室・帳票保管室 / 打合せ室 / 更衣室・休憩室 / 事務室 / 打合せ室 / 学校図書館支援室

人類の知的遺産フロア　4階　森
閉架書庫 / 貴重資料庫 / 地域資料室兼公開書庫（準開架） / 人文・社会科学系 / 自然科学系 / ブックコート / 個人学習室 / 文学系 / レファレンスカウンター / 芸術・大型図書

今あなたに役立つフロア　3階　水
受入・入力・装備作業 / ボランティア室 / 一般受付カウンター / ビジネス、ICT / 趣味（家庭・地理・動物） / グループ学習室 / 対面朗読室 / 健康支援 / 環境防災 / ティーンズコーナー / ラーニングコモンズ / AVコーナー / 音楽画像編集室 / 吹抜 / 健康支援室兼講義室 / 調理スペース / 倉庫 / 管理EV / 利用者EV

子供たちを育むためのフロア　2階　光
返却仕分け室 / 予約棚 / 児童受付カウンター / コンシェルジュカウンター / ICロッカー / 自動返却コーナー / 児童開架（小さい子） / 児童開架（大きい子） / グループ学習室 / 南吉コーナー / 畳閲覧コーナー / ブラウジング・ラウンジ（ポピュラー雑誌） / BDS / 児童動線 / 2Fエントランス / 誘導線 / 利用者EV / 子育て支援室 / 乳幼児食事室 / 子育て支援スペース / 授乳室 / 相談室

交流のフロア　1階　大地
東側道路 / 荷捌き駐車場 / 軽ワゴン / 配送整理室 / 除籍本リサイクルコーナー / 運営事務室（総合カウンター） / 総合案内 / エントランス交流ロビー / cafe / フリースペース / 街の魅力発見支援コーナー / コインロッカー / 市政情報コーナー / 旅券・各種証明対応窓口 / 廃棄物保管 / ホール搬入・4tトラック / BP / リハーサル室 / 管理室（守衛室） / デジタルウォール / デジタルギャラリー / 新刊、パンフレット / 展示ギャラリー / 情報提供スペース

地下1階
通用口（職員最終出入口） / 搬入EV / 多目的ホール / 倉庫 / 音響調整室・調光室 / 楽屋兼会議室

階段　ESC

断面ダイヤグラム

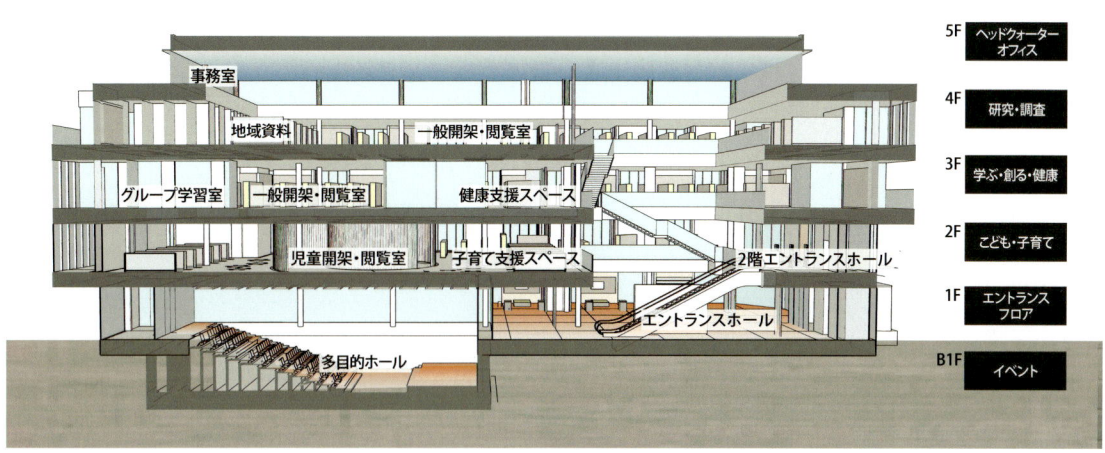

事務室 / 地域資料 / 一般開架・閲覧室 / グループ学習室 / 一般開架・閲覧室 / 健康支援スペース / 児童開架・閲覧室 / 子育て支援スペース / 2階エントランスホール / エントランスホール / 多目的ホール

5F	ヘッドクォーターオフィス
4F	研究・調査
3F	学ぶ・創る・健康
2F	こども・子育て
1F	エントランスフロア
B1F	イベント

断面構成のイメージ図

吹抜けを4階から見る

(4) 各階の性格付け

上階へ上がるにしたがって「動から静」へと移行する各階ごとのイメージと基本色を設定した。

4階 「森」 人類の知的遺産のフロア

学術性の高い一般書や文学書、地域資料が排架される。周囲に書架、中央に閲覧席を配置し、人類の知的遺産に満たされるような空間とした。また、個人の学習や研究のためのブースも用意した。

3階 「水」 今あなたに役立つフロア

趣味のブック・ビジネス・ICT関連書籍を中心としたフロアとした。ヤングアダルトコーナー・ラーニングコモンズも、このフロアの吹抜けまわりに設けている。このフロアにある健康支援室に近い位置に健康関連の書籍を配置した。

2階 「光」 子どもたちを育むためのフロア

フロア中央に新美南吉の「でんでんむし」をモチーフとしたおはなしコーナーを設け、それを取り囲むように書架・閲覧席を配置した。このフロアには子育て支援諸室を設けている。

新聞雑誌等を閲覧するブラウジングスペースは、街を眺められる交差点に面する位置に設け、そこで過ごす人たちの様子が街に表出するようにした。

1階 「大地」 交流のフロア

東側の入口から西側の入口を直線状に位置づけ、通り抜け動線を設定した。この動線に沿って、カフェ、フリースペース、街の魅力発見支援スペース、旅券窓口を配置した。

エントランスホールでは、220インチのデジタルサイネージが常時情報発信をする。一角には市民ギャラリーを設け、気軽な市民の発表の場としている。また、通り抜け動線からは地下に設けるホールでの催しを見下ろすことができる。

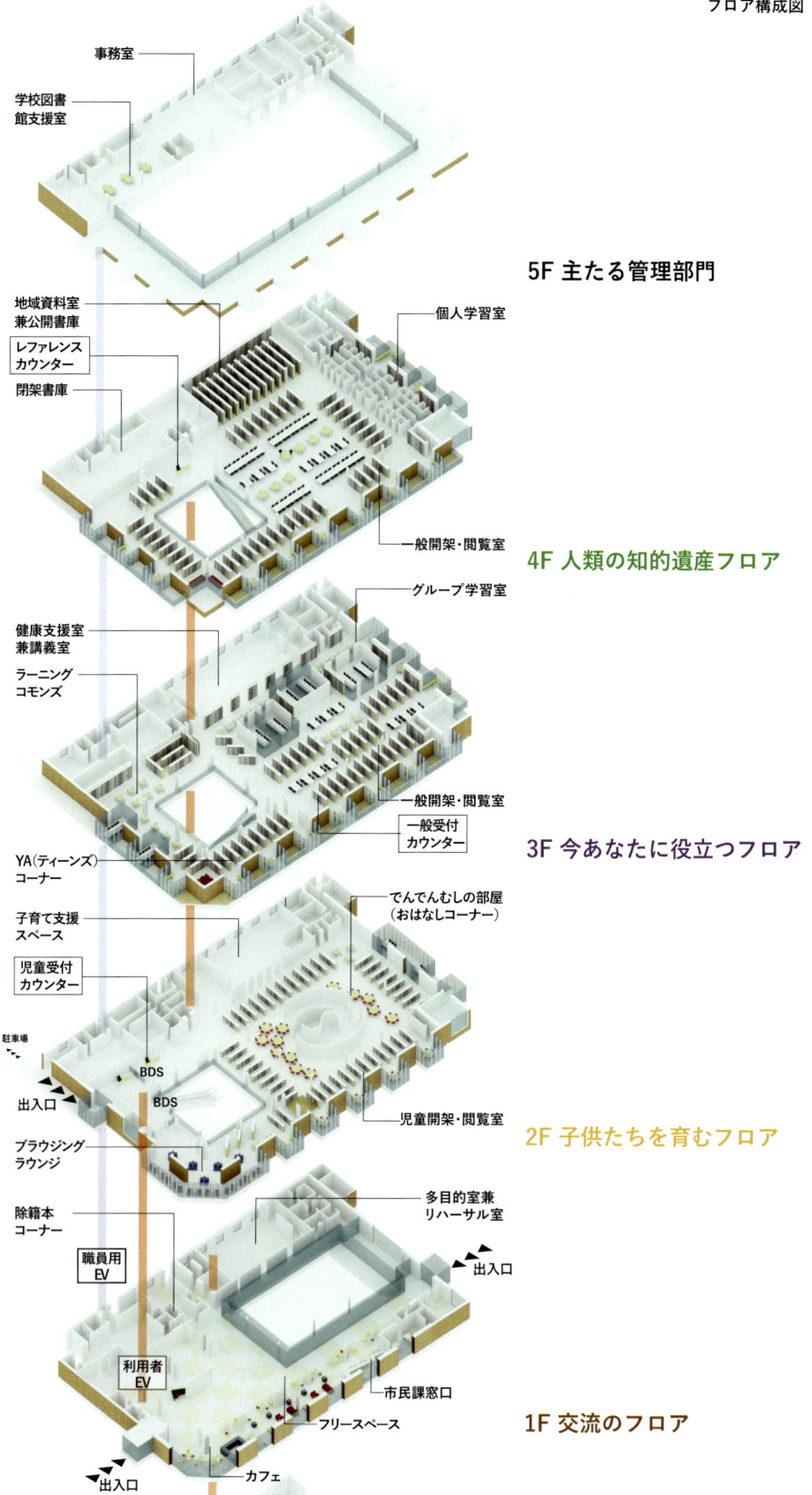

事務室

学校図書
館支援室

5F 主たる管理部門

地域資料室
兼公開書庫

レファレンス
カウンター

閉架書庫

個人学習室

一般開架・閲覧室

4F 人類の知的遺産フロア

グループ学習室

健康支援室
兼講義室

ラーニング
コモンズ

一般開架・閲覧室

一般受付
カウンター

3F 今あなたに役立つフロア

YA（ティーンズ）
コーナー

子育て支援
スペース

児童受付
カウンター

でんでんむしの部屋
（おはなしコーナー）

駐車場

BDS

出入口

BDS

児童開架・閲覧室

2F 子供たちを育むフロア

ブラウジング
ラウンジ

除籍本
コーナー

職員用
EV

多目的室兼
リハーサル室

出入口

利用者
EV

市民課窓口

フリースペース

1F 交流のフロア

出入口

カフェ

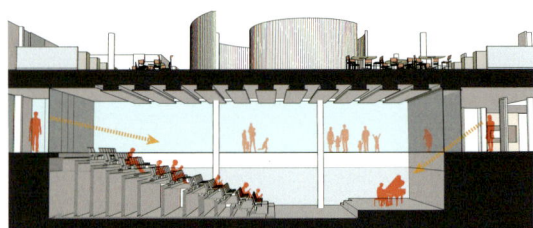

ホール断面図（座席を出した状態）

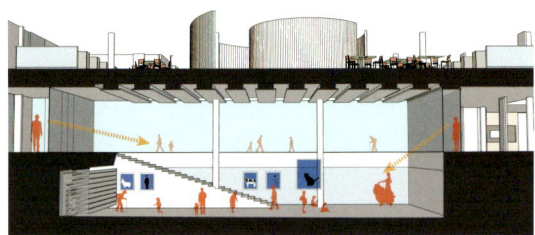

ホール断面図（平土間）

（5）各階の構成

1）地階：多目的ホール

　多目的ホールは、市内の他のホールや近隣のホールとの使い分けを検討して、市民ユースを主体とするカジュアルなホールとした。

　2層分のボリュームのあるこのホールを地階に設けた。ホール上部の1階部分の周囲をガラスとし、エントランスホールや通り抜け通路からホール内を見下ろせるようにしている。ホールでの催し物も1階・交流フロアのにぎわいをつくり出す装置とするためである。また、ホールを地階に設けることで、2階の床をフラットにするための物理的課題を解決した。

　ホール形式は、多様な催しに対応できるように平土間を基本としている。そこに、約270席の可動席と可動ステージを備える。平土間とした場合でも、1階から降りられるように可動席の勾配と合せた階段を設けている。

　ホワイエは広場に面して設け、そこから直接広場に出られるようにすることで、ホールと広場を連携させたイベントに対応できるようにしている。

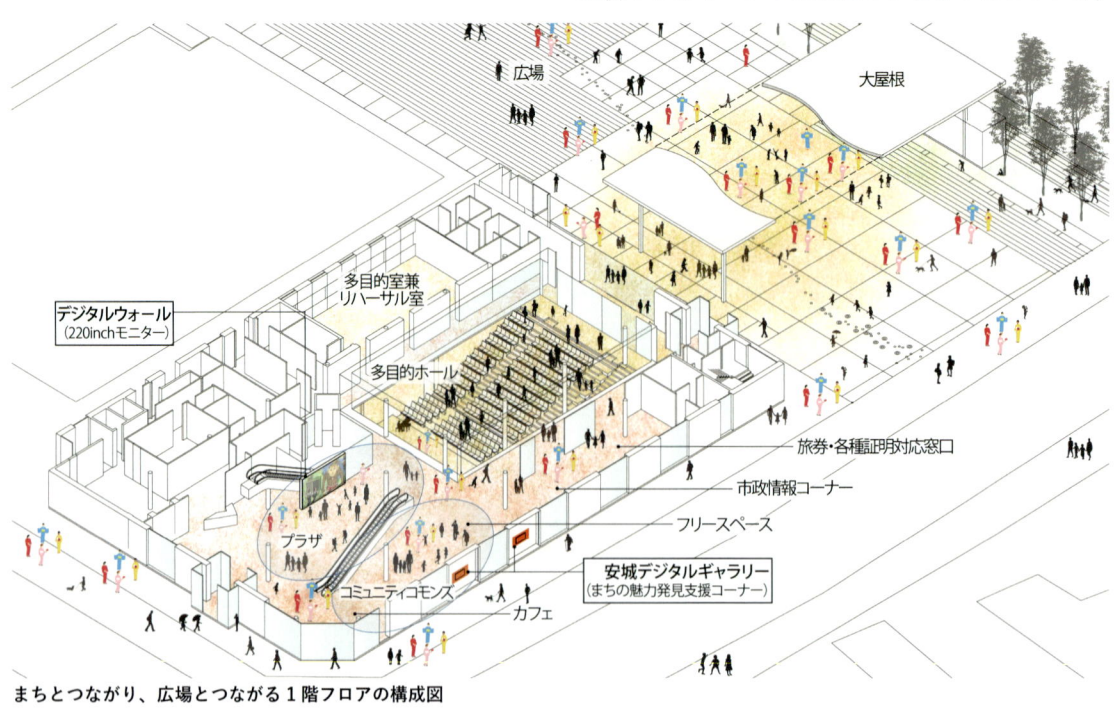

まちとつながり、広場とつながる1階フロアの構成図

市民ユースとはいえ、音響性能と防音・防振の性能は十分に確保されている。内装の床・壁・天井ともに浮き構造とし、1階通路との間のガラスは19mmと15mmの単層ガラスを2重にしている。これらによって、ホール内で和太鼓等を演奏した場合でも、他のスペースに音や振動の影響を及ぼすことはない。

また、ブラインドを備え、完全遮光を可能にしている。さらに、ガラスの外側には液晶フィルムを施し、ガラス面のクリアとスモークの選択を可能にしている。スモークにすれば、周囲に配置したプロジェクターによって、ガラス面へのプロジェクションマッピングもできる。

リハーサル室は、多目的室としても利用できるように1階に設けている。搬入口は1階に設け、トラックを横付けできるようにしている。搬送用エレベータは扉を双方向型として、スムーズな搬出入を可能にしている。バックステージには、ピアノも収納する倉庫、控室、WCなどを備えている。

ホールの可動席

オープニングイベントのステージ

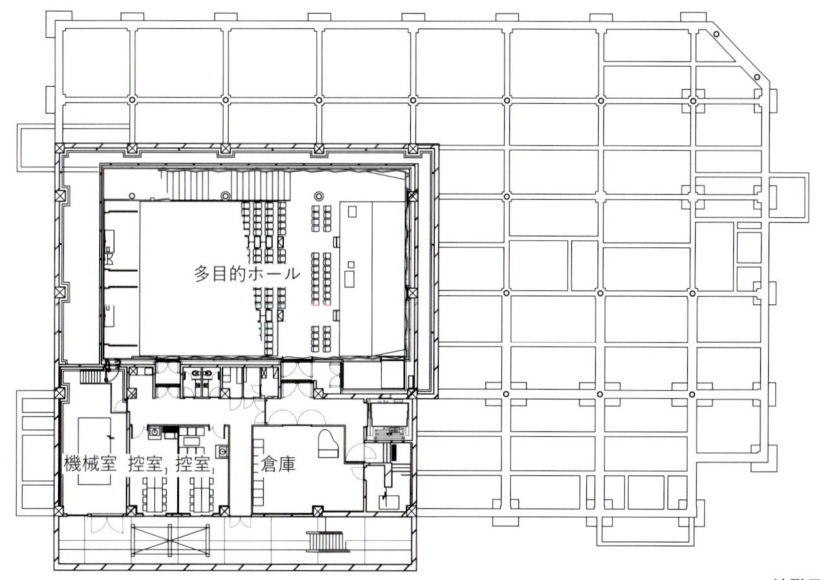

地階平面図　1:600

実施設計完了時のパース

実施設計時のスタディ模型

1階から見た吹抜けの様子

2）1F：情報・にぎわい・交流のフロア

　エントランスホール・交流ロビー・ギャラリーをシームレスに連続させた「にぎわいを創出する」空間である。

　エントランスホールは、情報拠点施設の導入部である。にぎわいや交流を誘発すると同時に、安城市の魅力を発信する。

　その上部は4層の吹抜けとして、エントランスホールの開放感と館内全体の一体感をつくり出している。また、この吹抜けに設けたエスカレーターによって、1・2階を移動しやすくしている。

　このエスカレーターに沿って220インチの「デジタルウォール」を設け、多彩なコンテンツを大画面のビジュアルと音によって発信する。

　このエントランスホールのエスカレーターの背後に「展示スペース」がある。

　東側入口脇のカフェは、地元の豆腐店が出店している。そこから西側入口に至る動線に沿って、休憩・談話のためのイス、テーブルを配置した。明るい彩色を施したセブンチェアが、華やかな印象を与える。

　セブンチェアは、デンマークの建築家アンネ・ヤコブセンが半世紀以上も前にデザインした椅子である。その秀逸なデザインと座りやすさ、優れた耐久性はいつまでも色褪せることはないだろう。必ずしも安価なものではないが、その価値と照合すれば決して高価なものではない。その椅子を市民が日常的に使えることも、この施設の価値のひとつである。

　道路側にはデジタルギャラリーをもつ「まちの魅力発見コーナー」「旅券窓口」を設けている。その対面のガラス面がホールを囲んでいる。

①デジタルウォール

　安城市の情報や館内の情報を発信するメイン装置である 220 インチ大型液晶ディスプレイを、エントランスホールの中央にエスカレーターに沿って設けた。

　「安城らしいコンテンツ」と「市民を結ぶ情報」を提供するとともに、館内ににぎわいをつくりだしている。インタラクティブな装置とするために、スマートフォン向けの専用アプリが開発された。

220 インチの大型サイネージ：デジタルウォール

②デジタルギャラリー

　道路側の壁沿いにまちの魅力発見支援コーナーを設けた。50 インチ大型タッチモニターは、まちの魅力を発見するゲートウェイとなる「デジタルギャラリー」として安城のさまざまな魅力ある情報を提供する。

デジタルギャラリー

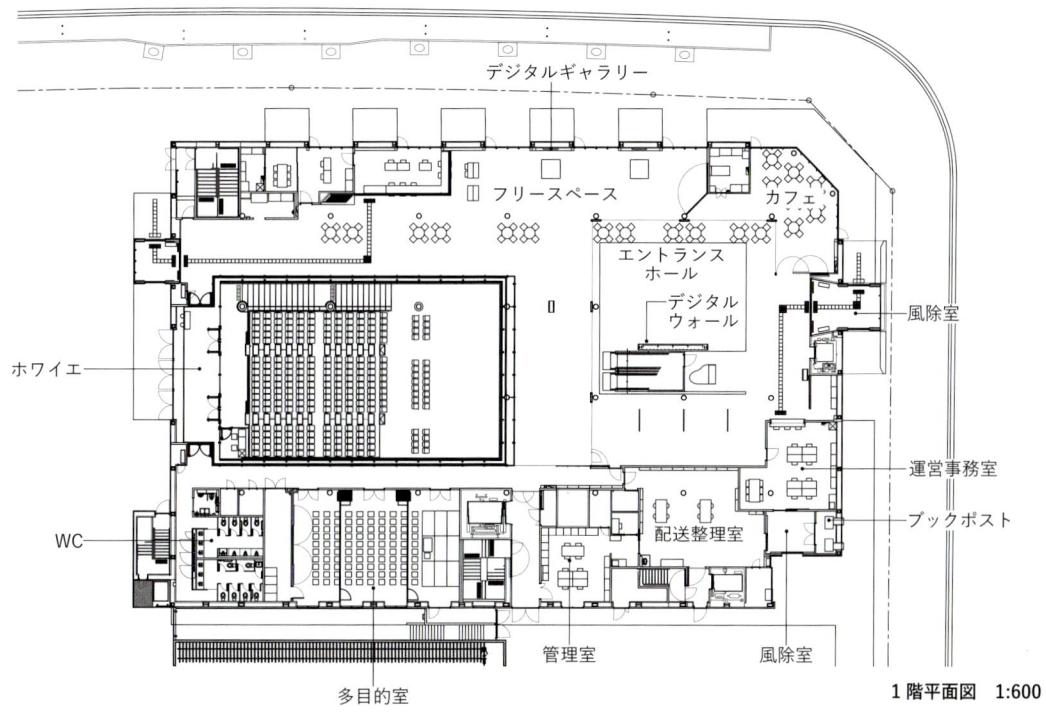

1 階平面図　1:600

児童開架閲覧スペース。円形の壁の内側がおはなしコーナー

おはなしコーナー内部

子育て支援室

２階入口付近から吹抜けを見る

赤いビニルレザーの４人掛けのソファが置かれるブラウジングスペース

提案時のパース

実施設計時のスタディ模型

閲覧席の様子

おはなしコーナー

3）2F：児童開架・子育て支援

　2階は図書情報館へのエントランスフロアである。「やや動」の空間と位置づけている。

　子どものためのスペースとしての児童開架を主体として、子育て支援機能を併設する。また、入口近くに新聞・雑誌、ブラウジングのスペースを設けている。

①児童開架

　児童開架は吹抜けの西側に位置づけた。子どもたちが本への興味と関心を持ち、楽しみながら本の魅力に触れることができる場となることを意図している。

　児童開架の平面形状は、34.4 m×23.4 mの矩形のスペースを基本とする。北側・西側の外周にはキュービックな "でん" が突出している。シンプルな矩形を基本とする児童開架の中央に楕円形の平面形状としたおはなしコーナーを設けた。

　閲覧席は書架とおはなしコーナーの間に、おはなしコーナーを囲むように配置している。資料の配置と対応させて、吹抜け側は小さい子ども用、西側は大きな子ども用として、円形の閲覧席を散りばめた。

　また、ブラウジングスペースとの間には、「南吉のへや」として、たたみのスペースを設けている。

②おはなしコーナー

　児童開架の中央に配置した「おはなしコーナー」の楕円形の平面形状は、新美南吉の作品「でんでんむし」をモチーフにしたものである。その導入部にはでんでんむしのかたちをした一人用の閲覧場所を用意している。

　このおはなしコーナーを取り囲むように小さな子のスペースと大きな子のスペースを緩やかに連続させた。

③子育て支援施設

　子育て支援諸室は児童開架と隣り合う位置に設けた。おやつを食べるスペース、託児室、子ども用WC等を備えている。背面で管理スペースに通じる通路を設け、乳幼児も親も安心できる空間としている。

　児童開架との仕切りには一部にガラス窓を設けて、小さな子どもたちの本への興味を促すようにしている。

子育て支援室

④南吉のへや

　新美南吉は青春時代を安城で過ごした。その家の1室をイメージした「タタミのコーナー」をブラウジングとの境界に配置した。

　2方を書架で囲み、8畳間の広さをもつ。利用者はそれぞれに本を持ち込んで、くつろいだ雰囲気で読書を楽しんでいる。

南吉のへや

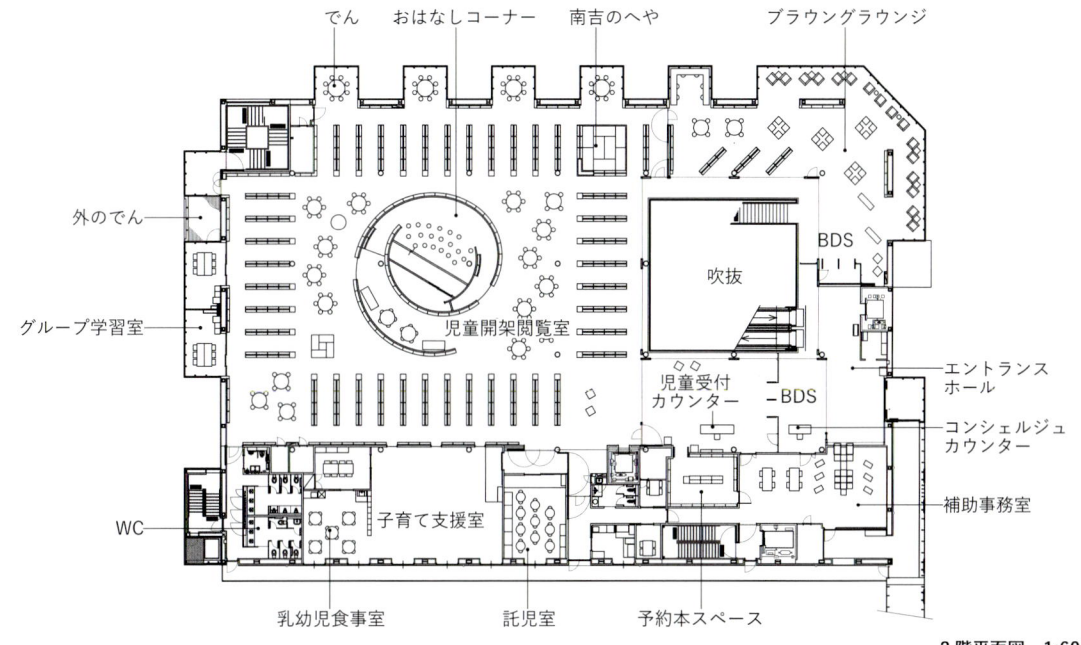

2階平面図　1:600

4）2F：入口廻り

①コンシェルジュデスク・BDS

図書館への入口は2階にある。1階からの動線であるエレベータ・エスカレーターと、ペデストリアンデッキからの動線となる2階入口を東側に集約した。

ここにコンシェルジュカウンターを設けて、利用者の問い合わせに対応できるようにしている。

そして、2ヶ所のBDSゲートを設けて、利用者を振り分けるようにしている。ひとつは児童開架へ導く子ども用の動線として2階入口正面に設計、もうひとつはブラウジングから3階に上がる階段に通じる大人用の動線としている。

②返却口

自動返却用の返却口をコンシェルジュデスク脇（BDS外側）に設けた。2つの高さの口を用意して、大人と子どもの返却に対応している。

この返却口の内側はバックヤードとなっており、返却処理スペースがある。

③児童用サービスデスク

BDSの外側に設けたコンシェルジュデスクと並んで、その内側には児童用サービスデスクを設けている。

このサービス前面となる吹抜けに面する場所に自動貸出機を、児童開架へ導く動線上に蔵書検索機を配置している。

図書館入口の様子

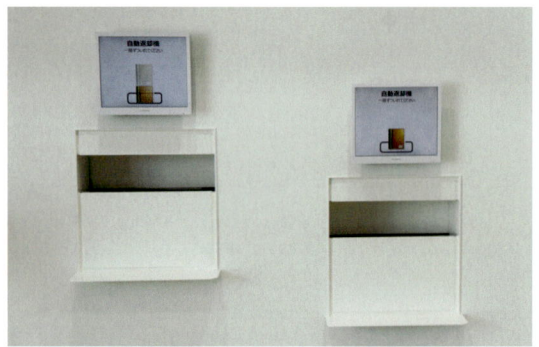

返却口

サービスデスク

5）2F：ブラウジングスペース

ブラウジングラウンジは、吹抜けの北東側の交差点に面して街に張り出す位置に設けた。

大人用のBDSから北側にかけてL字型に「吹抜けを囲んだスペース」と「外に面する開放的なスペース」の2通りのスペースを用意している。

①外側の開放的なスペース

外部に面するスペースは、床面から天井面までのガラス面を介して外に向く開放的な空間である。図書館内部の様子が交差点に、そして街に表出するように仕掛けた。

座席は外に向いて座る。木部を黒染色、座を黒色のビニールレザー張りとしたソファ席と同色のサイドテーブルを用意した。開放的な雰囲気の中で、雑誌や新聞を眺めながら、くつろいだ時間を過ごすことができる、"ちょっと贅沢な大人のスペース"を演出した。

外に面する窓側のソファ席

②内側の吹抜を囲むスペース

内側の吹抜け側のスペースには、4人掛けに仕切られた正方形のソファベンチを用意した。こちらは全面赤色のビニールレザー張りとして、"カジュアルな雰囲気"をつくっている。

外側のスペースとは違った、くつろいだ様子が見受けられる。

内側のソファ席

③新聞・雑誌

雑誌架は、最新号をディスプレイし、背面にバックナンバーを収納するタイプである。

新聞は、当日分のみを排架し、バックナンバーは別置きしている。

雑誌架

新聞架

3階開架スペース。右側がレファレンスデスク

閲覧席。壁付書架の内側がグループ学習室

でん

コーナーの閲覧席

中央の閲覧席

4階閲覧席。下階よりも天井が高い

実施設計時のパース

実施設計時のスタディ模型

サービスデスク

健康支援室

6）3Ｆ：一般図書・地域資料/健康支援

　3階は「やや静」のフロアとして位置づけた。一般開架のうちのポピュラーブックと暮らしや健康に関連する資料を排架している。また、会議や研修等にも利用できる健康支援室を併設する。

　サービスデスクはフロアのほぼ中央に設けた。サービスデスクの東寄り・吹抜け北側にはヤングアダルトコーナー、連続する東側にラーニングコモンズがある。

①一般開架

　一般開架はフロアの西側に設けた。書架と閲覧席とが相互に混じり合い、"本のなかに人がいる"ようにレイアウトした。

　フロア周囲を壁面書架が取り囲む。壁面書架の間に規則的に穿たれた開口部の外側に、閲覧席としての「でん」が規則的に並ぶ。

②サービスデスク

　サービスデスクは、フロアのほぼ中央の北寄りに設けた。吹抜けに設けた2階と4階を結ぶ階段に近く、このサービスデスクで館内で利用する機器が貸し出される。

③グループ学習室

　一般開架スペースのフロア内に3つのグループ学習室を設けた。部屋の周囲はガラスと書架によって開架スペースと仕切られる。3室とも稼働間仕切り壁によって2室に仕切ることができ、最大6室として利用できる。

④健康支援室

　開架スペースに面する南側に、軽運動ができる健康支援室を設けている。2室に仕切り、会議や研修にも利用できる。また、調理実演ができるオープンキッチンも隣接させている。

⑤ヤングアダルトコーナー

　2階から吹抜けに設けた階段を上がった北側に
ヤングアダルトコーナーを設けた。東側にラーニ
ングコモンズを連続させて、若い人たちが寄り付
きやすい場としている。

　2階ブラウジングコーナーよりもさらに外部の
見晴らしが良く、また、内部の2階・4階も見通
せる。

　東側のでんには、ICT装置を備えるグループ学
習室を2室用意している。

⑥視聴覚・音楽コーナー

　吹抜けの南側は「市民の創造・創作の場」と位
置付け、視聴覚、音楽の資料と視聴のスペースを
用意している。近接して映像編集スタジオも用意
している。

ラーニングコモンズから吹抜けを望む

視聴覚コーナーのテーブル

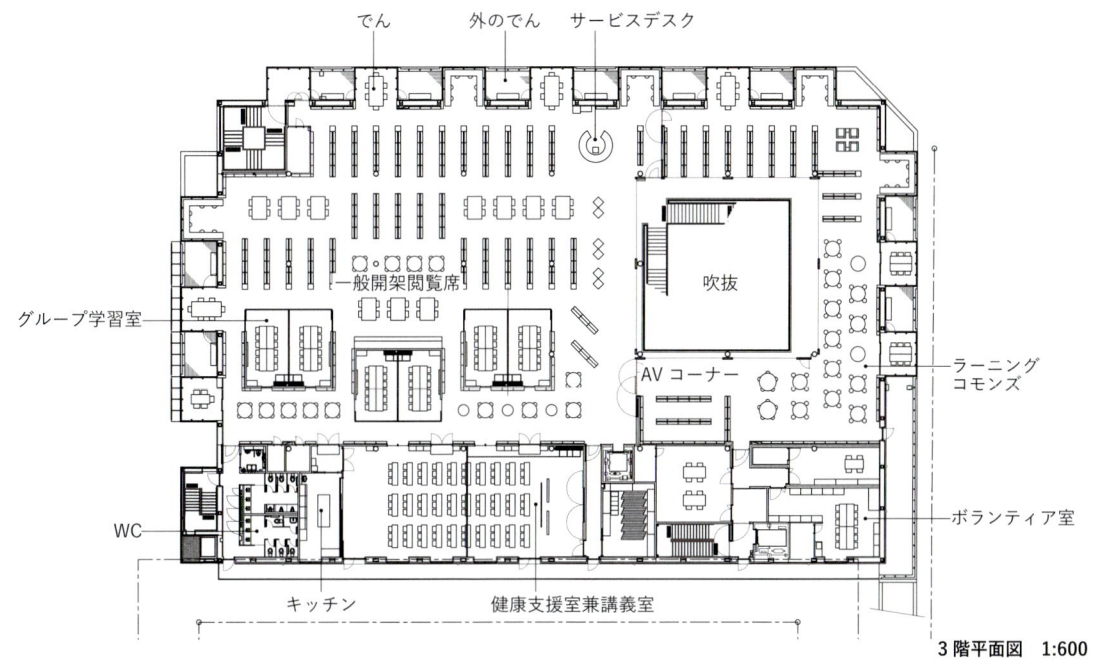

3階平面図　1:600

実施設計時のパース

4 階閲覧席の様子

実施設計時のスタディ模型

6) 4 階：一般開架

　1階のにぎわいから最も離れた「静」のスペースとして位置付けた。単純な矩形のフロアの中央に、1階から続く吹抜けと閲覧室、その周囲に書架をレイアウトし、さらにその外側に「でん」を設けている

　また、最上階であることを活かして、下階よりも天井高を高くし、ゆとりをつくり出している。

①開架スペース中央閲覧席

　このフロアの主たる閲覧席は開架スペース中央に設けている。テーブル・椅子のバリエーションを設けながら、学習や調査・研究の場としての雰囲気をつくり出している。

　天井から下げた照明はデンマーク製である。また、椅子はデンマーク製のキャンパスチェアとドイツのヴィトラ社の椅子を織り交ぜている。

②書架

　閲覧席と吹抜けを取り囲み、外壁と直行するようにスタティックに配置している。外側の壁面には壁面書架を設け、本の雰囲気が閲覧席を取り囲んでいる。

③コーナーの閲覧席

　書架の方向が交差するコーナーには円形のカウンターテーブルを用意した。中央に観葉植物を置いて、中央の閲覧席と異なるフランクな雰囲気をつくり出している。

④個室研究室

西側の一角に、個人用の閲覧席（従来のキャレルデスク）を 22 席設けている。個人用閲覧席の内側には個室の研究ブースを設けている。

⑤でんの閲覧席

でんは 3 方が外部に面する開放的な閲覧席である。特に 4 階になれば、眺めも良い。

テーブル型の閲覧席とカウンター席を交互に用意している。椅子は赤く染色したキャンパスチェアである。

⑥公開書庫

開架スペースに面する南側に公開書庫を設けている。新聞・雑誌のバックナンバーなどもここに置かれる。

この公開書庫によって、4 階は大学図書館のような雰囲気を醸し出している。

個人閲覧席

でんのカウンター席

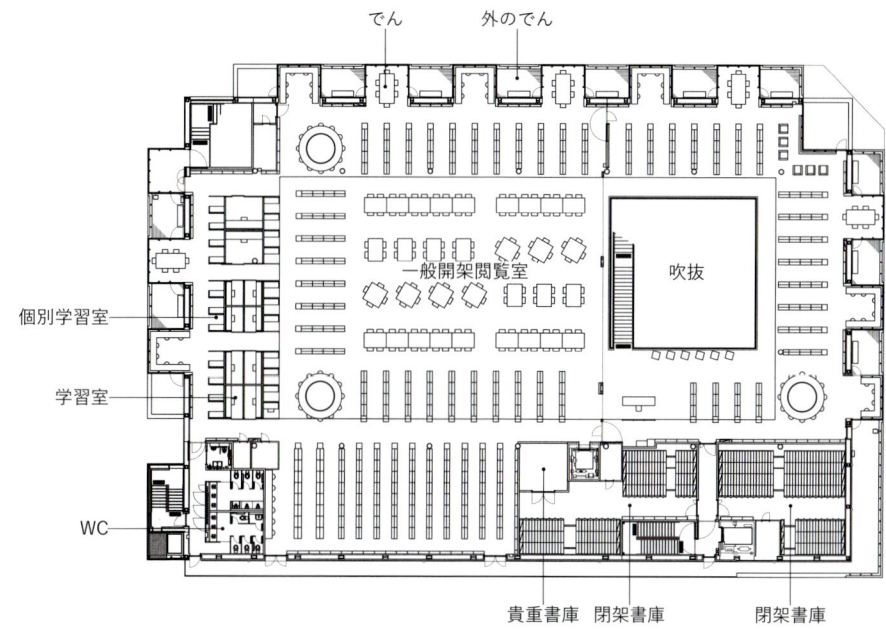

4 階平面図　1:600

歩道からみた建物

南側からの全景

大屋根下正面がホールホワイエ

大屋根を介して広場を望む。左手に西側入口がある

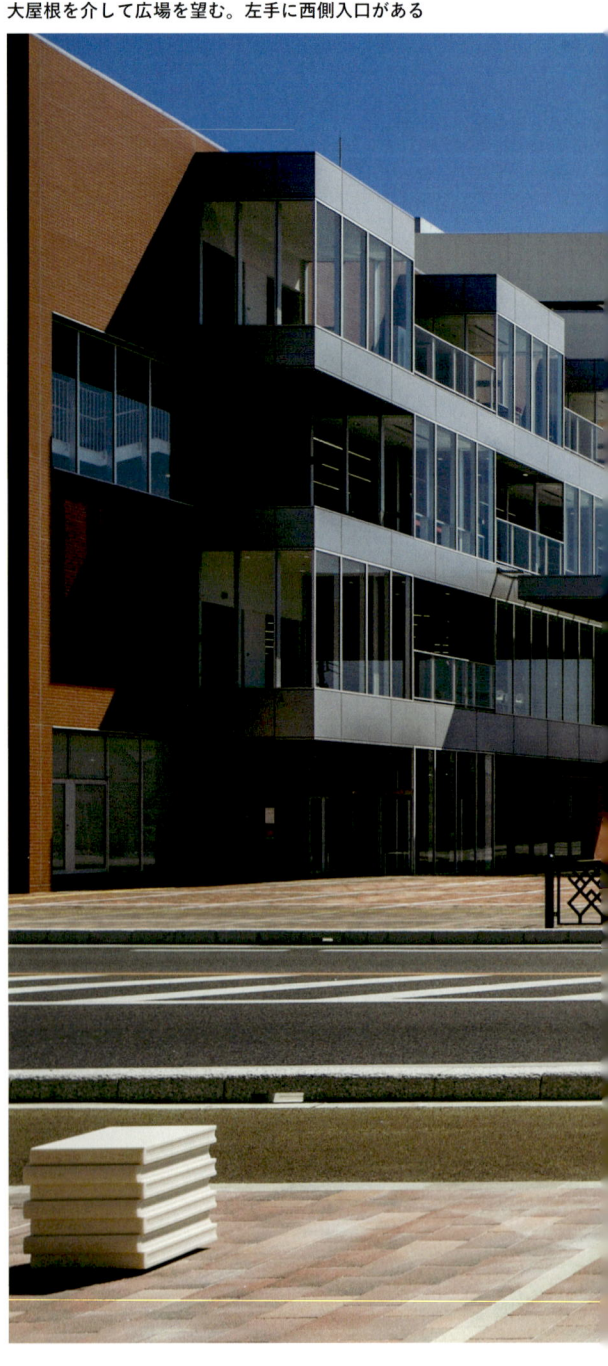

実施設計完了時のパース

西側広場入口の大屋根

七夕まつりの様子

オープニングイベントの様子

5.ひろば・公園・外周道路

施設群西側の広場・公園は南北方向を長手に形成し、道路から奥行のある場所としている。

(1) 大屋根

広場のゲートとして、大屋根を北側幹線道路沿いに設けた。建物の西側入口とホワイエの開口を覆う位置である。情報拠点施設から広場へと人を誘い、ホワイエの扉を開いて大屋根下の広場と多目的ホールと連続させ、多彩な展開を可能にする

天井高は約7mあり、建物2階の天井に合わせている。軒下に七夕飾り等を吊ることができる。

西寄りの壁体の中には倉庫を設け、イベント用品等の出し入れの利便性向上を図っている。この壁は、西側住宅地への音の影響を緩和する役割ももち、映像投影もできる。

(2) 広場

広場の床にも3.6mのグリッドパターンが展開する。床材は名古屋にあった明治時代の浄水場のレンガを利用した。七夕まつり等のイベント会場となると想定し、車両の乗り入れを可能にしている。

敷地の西側、南側の道路沿いを生け垣と中木を植栽した。近隣の住環境を向上させながら、広場・公園利用者との視線を遮る役目も果たす。

また、広場に面する駐車場の壁面は、有孔折板と一部に緑化を施した。この目隠し壁も情報拠点施設と呼応する市松模様を展開している。

屋外トイレと災害避難時のためのマンホールトイレは住宅地から離して配置した。

(3) 公園

南側の公園には、明治用水をイメージした親水施設、新美南吉の物語に登場する手押しポンプ等を設けた。大屋根の下部の北側幹線道路に面して、ベンチや植栽を施し、ポケットパークとして整備し、日常の市民の立ち寄りを促している。

(4) 敷地外周の歩道

設計段階での提案が実り、PFI事業とは別に歩道部分のデザインを委託された。実施設計は土木専門の会社が行い、PFIとは別に施工されているが、私たちが行った基本デザインが忠実に反映されている。また、本事業に伴って、電線の地中化もなされている。

①舗装

周辺歩道も広場と同様に建物を構成する3.6mグリッドが連続する。同色系のインターロッキングを敷設しながら、歩道と自転車道を区分している。

北側・東側の道路の対面も同様に仕上げられたことで、街がここを起点することが明示できた。

②街灯

街灯は、新美南吉の「竹笛」をモチーフにした緑色の細い円筒形である。この街灯も、建物のグリッドに合せて立てられている。

③ベンチ

ところどころに彩色を施したベンチが置かれている。厚板の鉄板を曲げ加工したものである。

また、本を重ねた庭園灯とベンチを兼ねたオブジェを配置している。人造大理石で造られ、本の背には新美南吉の書名が記されている。

道路の対面の歩道も併せて整備

オープニングイベントで県道に面して出された屋台

厚板鉄板で作られた歩道のベンチ

南吉の著作名を記したモニュメント。夜間は点灯する

6.ICT

　安城情報拠点施設には、ほぼフルスペックともいえる状態で、ICT が導入されている。安城市が最新の ICT 図書館を目指した結果である。

　自動貸出・自動返却、蔵書検索、座席予約は当然のこととして、大型デジタルサイネージ、電子新聞、インタラクティブプロジェクション、さらにはプロジェクションマッピングを可能にする設備やＳＦＰも備えている。

　ここでは特徴的な装置をとりあげる。

①デジタルウォール

　最も大掛かりなものは、１階エントランスホールの 220 インチモニターのデジタルウォールである。常時安城市のプロモーションビデオで市内各所が紹介され、館内情報やイベント情報も提供される。スマートフォンで表示された QR コードを読み取ることで、インタラクティブな交信を可能にしている。

　そのコンテンツのひとつである願いごとアートは、デジタル化された短冊にコメントを書き込むと大型モニターに表示された後、サーバーに保存される。

②電子新聞

　大型モニターで電子版の新聞を全紙サイズで見ることができる。画面を拡大もできることから、高齢者でも読みやすい。

　国内の市町村立図書館でははじめて導入された。

③デジタルサイネージ

　館内各所に、施設案内や催事案内のためのデジタルサイネージを設けている。アナログのサインと比較して更新が容易である。

220 インチのデジタルウォール

電子新聞

デジタルサイネージ

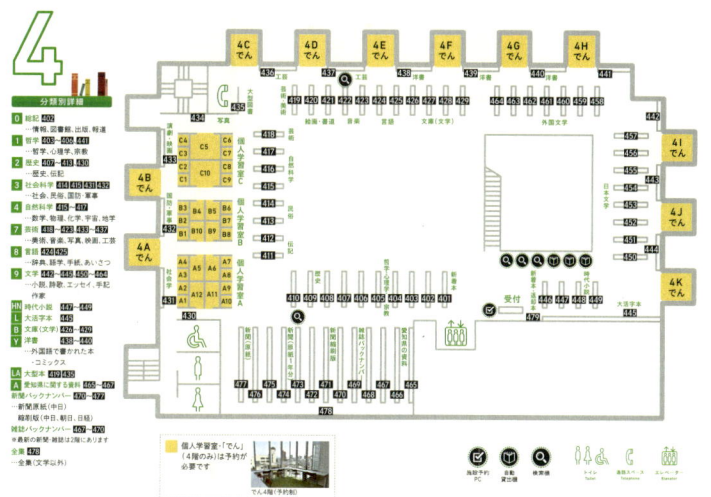

4階フロアマップ

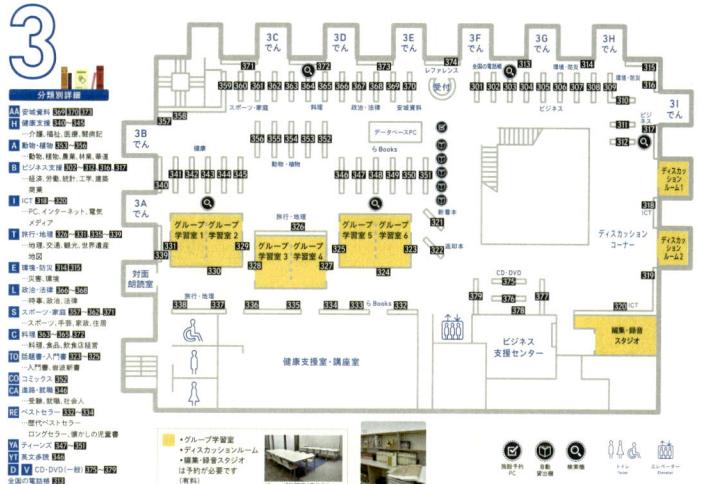

3階フロアマップ

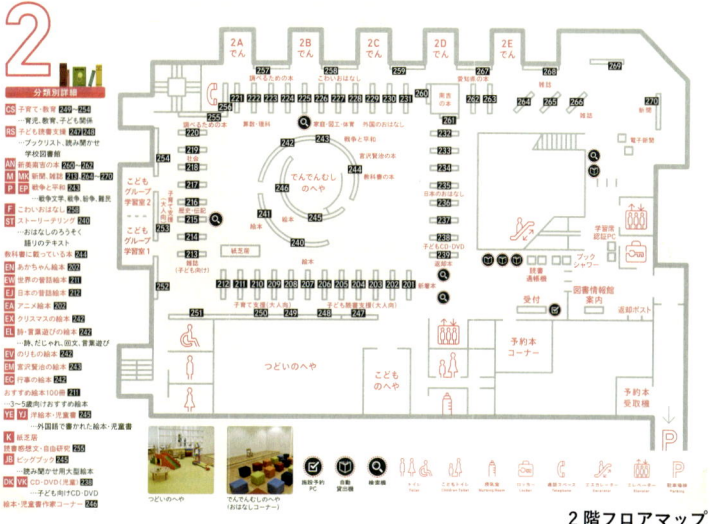

フロアマップ提供：安城市立図書館

2階フロアマップ

7. 建物諸元

建物名称　　安城市図書情報館　アンフォーレ
所在地　　　愛知県安城市御幸町 3-4 他
主要用途　　図書館
発注者　　　安城情報拠点施設サービス株式会社
（構成員）　清水建設株式会社　名古屋支店
　　　　　　スターツ CAM 株式会社
　　　　　　株式会社三上建築事務所
　　　　　　（安城市　PFI 事業）

敷地条件

地域地区　　商業地域
道路幅員　　北側道路 22 m
駐車台数　　275 台

規模

敷地面積　　7,929.10 ㎡
延床面積　　9,244.19 ㎡
　　5 階　　　631.14 ㎡
　　4 階　　2,010.70 ㎡
　　3 階　　2,077.42 ㎡
　　2 階　　2,085.37 ㎡
　　1 階　　1,754.62 ㎡
　地下 1 階　　634.18 ㎡
建築面積　　2,906.54 ㎡
建蔽率　　　41.67%（許容：400%）
容積率　　　132.1%（許容：80%）
階数　　　　地下 1 階　地上 5 階

構造

主体構造　　S 造　（一部 CFT 柱・RC 造）
杭・基礎　　杭基礎

寸法

最高高　　　26,945 ㎜
最高軒高　　21,290 ㎜
階高　　　　5 階　3,800 ㎜ /4 階　4,150 ㎜
　　　　　　1 階〜 3 階　4,350 ㎜
天井高さ　　5 階　2,700 ㎜ /4 階　5,800 ㎜
　　　　　　1 階〜 3 階　3,300 ㎜
　　　　　　地階ホール　7,110 ㎜

設計
三上建築事務所・清水建設設計共同企業体

　　総括　　益子一彦
　　建築　　三上建築事務所
　　　　　　小沼悟　田中祐太
　　　　　　吉田典生　加藤健司
　　構造　　清水建設
　　　　　　横尾慎
　　設備　　清水建設
　　　　　　大野智之　伊吹富雄

監理
三上建築事務所

　　総括　　益子一彦
　　建築　　三上建築事務所
　　　　　　小沼悟　吉田典生
　　構造　　三上建築事務所
　　　　　　倉持勝己
　　設備　　三上建築事務所　松本敬一郎
　　　　　　今井オフィス　　今井栄策

コンサルタント

　図書館総合研究所

施工

　清水・スターツ CAM・丸山組
　建設工事共同企業体

工期

　設計期間　2014 年 4 月〜 2015 年 3 月
　工事期間　2015 年 6 月〜 2017 年 4 月

第3章　野々市市文化交流拠点施設
学びの杜ののいち カレード

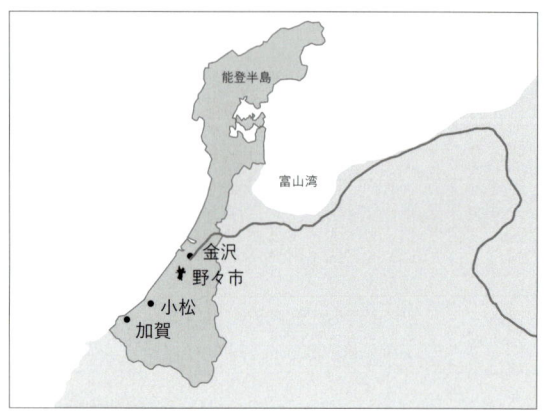

野々市市の位置

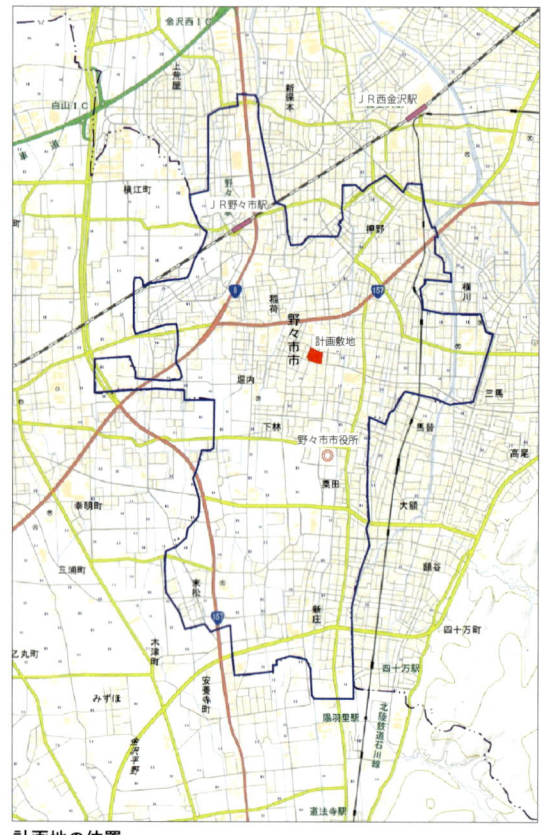

計画地の位置

1．敷地

(1) 石川県野々市

　野々市市は石川県のほぼ中央に位置し、北東側を県都金沢市、南西部を白山市と隣接する。市域は東西4.5km・南北6.7km、面積13.56k㎡と石川県内で行政区域面積が最も小さい自治体である。

　地形は、海抜最高49.6m、最低8.4mとほぼ平坦ではあるが、南から北に緩やかに傾斜している。

　人口は昭和50年頃より増加し続け、平成29年8月現在、5万2千人が住んでいる。また、市内には金沢工業大学と石川県立大学があるため学生が多く、市民の平均年齢も比較的若い。

(2) 敷地

　敷地は市域のほぼ中心に位置し、市役所から北に500mほどの距離にある。北側の至近な位置に、野々市市文化会館フォルテと野々市小学校がある。

2．事業の概要

　事業スキームは、文化交流拠点施設（図書館を中心とする公共施設）と地域交流拠点施設（公民館を中心とする公共施設）というふたつの施設を順次整備し、その施設を運営管理するするPFI事業である。

　大和リースを代表企業とし、フジタ・豊倉組・清水建築、梓設計・三上建築事務所、図書館流通センター、アイビックス・太平ビルメンテナンスの9社でコンソーシアムを組織してプロポーザルに参加し、選定された。

　文化交流拠点施設と呼ばれる図書館を主体とする公共施設は、私たち三上建築事務所が中心になって設計を取りまとめ、施工はフジタ・豊倉組・清水建築3社の共同企業体が担当した。今後の運営業務は図書館流通センター、管理業務はアイビックス・太平ビルメンテナンスの共同体が担当する。

3. この施設が目指したもの

市民の学びを支援し、市民文化の創造を促し、野々市市を国内外に発信する施設を目指した。

(1) 新たな学び・交流・活動の誘発

「図書館機能」と「市民学習機能」を密接に一体化して融合させ、新たな市民の交流を育み、新たなコトを生む場にする。

(2)「知の集積」と「本とアートの融和」

本が集積するブックタワーを「知の象徴」として、内部空間のシンボルとする。また、ギャラリー・市民展示室を開かれた空間として、市民が日常的に芸術・文化に親しむ場にする。

(3) まちのにぎわいを創出

親しみやすく、利用しやすい施設として、市民が集まる、まちの文化的な「にぎわい」をつくり出す拠点施設にする。近接する文化会館フォルテや野々市小学校、市役所に併設されるカメリアなどとの連携を図り、活発な市民活動を促す。

(4) 野々市市を発信する装置

「知の集積」や「市民の様々な文化的な活動」をにぎわいとともに包み込む、新たな文化交流の拠点に相応しい特徴的な外観をつくり出す。

図書館の建築をメディア（発信媒体）として、野々市市を全国・世界に発信する。

4. 愛称：Kaleido／カレード

公募によって愛称が付された。図書館は万華鏡のようにいつもその様相を変える。しかも、いつも美しい。その様相を創り出すのは、多彩な内容をもったたくさんの本であり、それぞれに個性をもつ市民である。本と出合い、人と出会い、人と人が交わり合って、市民が光り輝き、まちが美しくにぎわう。この施設に相応しい愛称である。

内部空間のシンボル・ブックタワー

周辺施設との関係づけ

敷地を南北に縦断する歩道

5. 土地利用

(1) 周辺施設との関係づけ

　敷地南側は市内を横断する幹線道路に面する。市街地にうるおいを与える緑豊かな場になることを前提に敷地内を構成した。

　北側近隣には音楽ホールをもつ文化会館フォルテと太鼓の練習場に使われる野々市小学校がある。市民が日常的に利用しやすい施設であると同時に、近隣のフォルテや野々市小学校と連携した生涯学習施設となることを前提とした。

(2) 周辺街区との整合

1) 周辺街区の形成

　敷地周囲の街区の区画割りは、敷地東側で交差する2本の幹線道路を基本に形成されている。

　敷地の東側の街区は、野々市中央通りに沿って南北・東西の区画線が直行するグリッド状の街区形成がなされている。一方、西側の街区は東側街区とはやや角度が振れて、市道二級幹線高尾堀内線を基準にグリッドが形成されている。

2) 敷地利用の手掛り

　ふたつの街区両方と整合するように、ふたつの軸線を手掛かりに敷地内を構成した。

①東西軸線

　以前この敷地にあった石川県立養護学校の正門が西側にあったことから、地歴を尊重する意味を含めて西側にも入口を設けることした。

　敷地西側の住宅地街区は、敷地南側の市道を基準に形成され、西側から旧学校正門へ続く道路もほぼ並行している。この道路中心線の延長線を「東西軸線」として建物配置の基準線とした。

②南北軸線

　敷地北側にある野々市小学校から当該敷地に延びる道路は東側の野々市中央通りと平行している。この道路を伸延させて、敷地内を縦断する「南北軸線」を明示する歩道にした。

憩いの広場から見た外観

配置図

実施設計完了時の鳥瞰パース

実施設計完了時の鳥瞰パース

東側駐車場から建物を見る

6. 建物の配置

(1) ゾーニング

　野々市小学校からの道路の延長上にある歩道からは、前面道路の南側に延びる道路のまで見通すことができる。

　南北軸線上のこの歩道を敷地ゾーニングの基準として、東側を「駐車場ゾーン」、西側を「施設ゾーン」にした。

(2) 建物の配置

　建物は正方形に近い矩形に集約した。東西軸線を基準として施設ゾーン中央北寄りに配置し、東西軸線上の東側と西側に入口を設けた。

　駐車場から東側入口の間にキャノピーを設けて、雨天時・冬季降雪時でも快適なアプローチを確保した。このキャノピーに沿ってコミュニティバス・のっティのロータリーを設けている。

(3) 外部空間の形成

　建物の南側の日当たりのよい場所を、芝生の「憩いの広場」とした。この何もない、広々とした空地が南側道路からのゆったりとした雰囲気をつくっている。

　一方、敷地北西側の建物と周囲と敷地境界との間にもゆとりある緑地を形成し、屋外展示会などに対応できる場としている。
これらを取り巻くように敷地外周に園路を設け、敷地内を散策できるようにしている。

　駐車場は東側に集約した。原則一方通行として場内の安全性を確保し、コミュニティバス・のっティの専用通路を別に設けている。

　マタニティ用・車いす利用者用駐車場は、キャノピーに沿って設けた。また、事務管理機能が集中する建物北東側の外部に業務用駐車場と搬入口となるサービスヤード設けている。

憩いの広場が公園の中の図書館の雰囲気をつくる

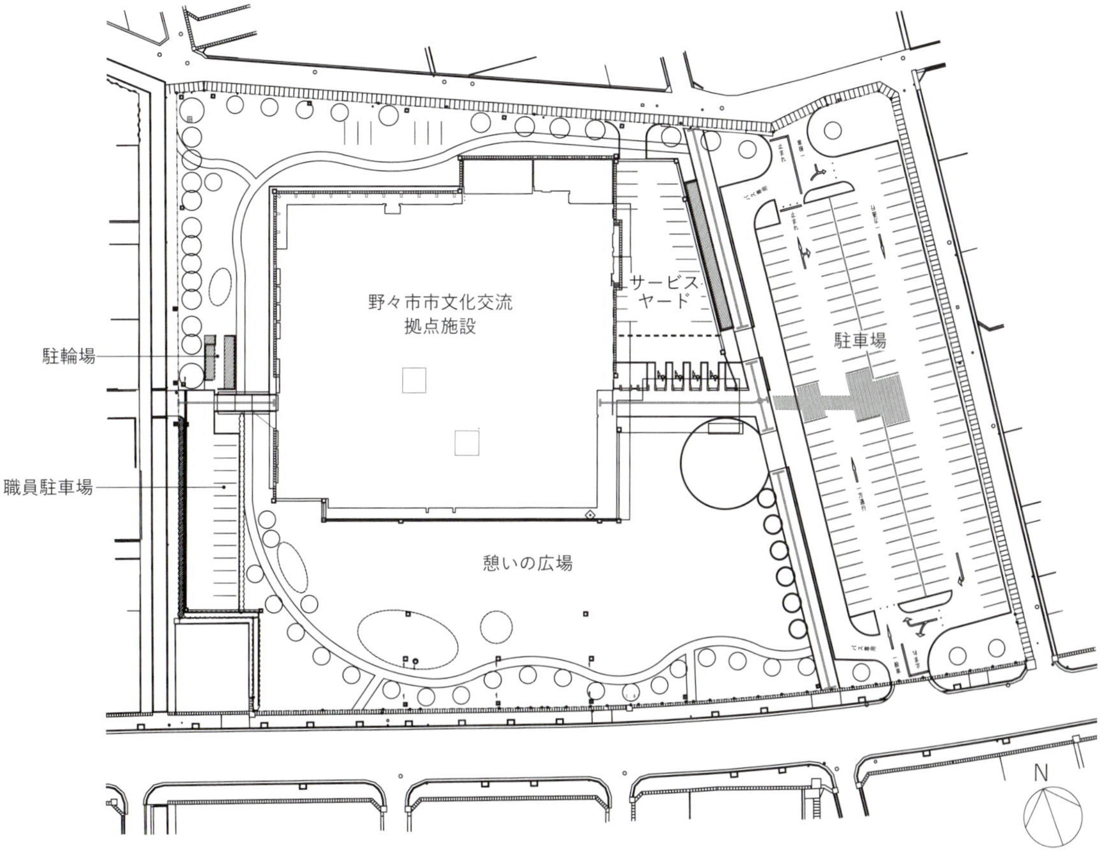

野々市市文化交流
拠点施設

サービス
ヤード

駐車場

駐輪場

職員駐車場

憩いの広場

N

配置図　1:2000

実施設計時のスタディ模型

7. 外観のデザイン

(1) デザインの前提

外観は建築のあり方を決定づける重要なファクターである。外観のデザインに際しては、施設の性格を表出させることにした。

1) 生涯学習の総合を視覚化

市民が集い、学び、交わる、図書館と市民学習機能が融合した施設であることを視覚化する「凝縮感」を重視する。

2) 若々しい街のシンボルの創出

若々しい街に相応しい、アクティブなイメージを創出する「躍動感」をもたせる。

3) 親しみやすい景観の形成

建物と周囲の道路との間に適度な距離を確保しながら、建物の高さを抑えて「親近感」を醸成する。

(2) 外観のデザイン

建物のボリュームは、多面体の大屋根とそれを取り巻くフラットな部分で構成される。

建築の印象は、施設全体を包括する屋根によって決定付けられている。生涯学習の総合的施設であることを視覚化するものである。

北側は、周辺の住宅地に配慮して建物全体の高さを低く抑えた。南側はアンシメトリーな妻面を見せる。軒の出を大きくし、開口部外側にはすだれを設けて、ガラスの透明感を確保しながら日射負荷を抑制し、直射日光を制御している。

(3) 屋根のデザイン

屋根は、内部空間のボリュームから勾配の異なる5つの面で構成している。大人のスペースの天井高を高く、子どものスペースを低くすることを前提にして、2階ヤングアダルトスペースを頂点として、内部空間のボリュームを反映させた。形状と勾配の変化によって、見る方向によってさまざまな表情を見せる。

南側開口部外側のすだれ

同時に、構造合理性と雨水処理・積雪を考慮して、面の構成・勾配からディテールの処理までを決定した。

それぞれの面はシンプルに構成しながら、全体としては複雑な表情をつくりだしている。特に、南側道路から見たときに、季節や時間帯で異なる日光の当たり方によって表情を変えるように意図している。

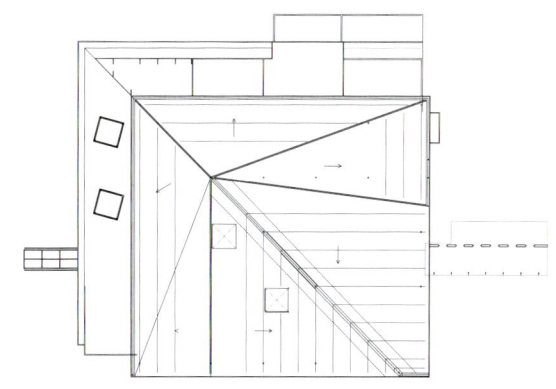

屋根伏図

(4) 課題とその解決

「表情豊かな屋根」を目指した結果、谷樋形状が生じ、いくつかの技術的課題が生まれた。それを以下の方策で解決した。

1) 屋根形状と構造計画の合理性

谷樋部は屋根外形に対して 45°に設定した。隣り合う屋根の勾配は同一とし、同一の梁部材が同じ角度で取合うものとしている。また、谷樋部直下に柱を配置して対角線方向の大梁を設けることで屋根形状と構造との整合性を図り、積雪時の偏荷重が発生しないものとしている。

実施設計時の模型

2) 積雪対策・雨水対策

谷樋部を形成する屋根に雪止めを設けて、谷樋部に雪が堆積しにくいものとした。また、排雪しやすくするために融雪ヒーターを設けている。

谷樋部下には防水層を設けて、漏水対策を施している。また、1,800 ㎡分の雨水が集中する縦樋は900 mm角のガラス製として、存在感を希薄にしながら十分な容量を確保した。

3) 落雷対策

屋根面全体に避雷導体を張り巡らせて、落雷対策を施した。法的条件ではないが、多数のコンピュータが置かれる今日の図書館としては必要な措置である。

ガラスのとい

西側外観

アイキャッチとなる外部サイン

北側外観

芸術ゾーンから見る市民学習機能部分の外観

8. 空間のデザイン

(1) 施設構成の考え方

1) 市民生活のインフラとして

　図書館は人類の知的遺産を守ってきた。そして、現代では市民の「知る権利」を保障するインフラストラクチャーとなっている。

　資料・情報と場を備え、市民の能動的意思に基づく学習・娯楽を支援することが、現代の図書館の役割でもある。

　そのような図書館を中心に据えて、図書館と市民学習機能を融合された施設プログラムを構成することにした。

2) 歴史的レファレンス

　生涯学習の場は現代の市民生活のインフラストラクチャーである。古典を参照すると、それはより明快になる。

①アゴラ

　アゴラ（Agora）は、古代ギリシアの都市国家ポリスにおける広場を意味する言葉である。政治・経済・哲学などの議論に花を咲かせる市民生活の中心であったといわれている。

　現代的に考えれば、自立した市民が出会い、交わり、互いに刺激し合い、都市文明を発展させる中心的な場所である。

②ムセイオン

　古代においては、図書館・博物館・美術館はひとつのものであり、ムセイオンと呼ばれていた。後に図書館はビブリオテク（ギリシア語：本の置き場）となり、博物館・美術館はムージアムと呼ばれ、区別されるようになった。

　今日では、資料のデジタル化に伴い、博物館（Museum）・図書館（Library）・文書館（Archives）が連携して情報提供を行う MLA 連携が提唱されるに至っている。

3) 平面構成の前提

　図書館機能と市民学習機能を融合させて、それぞれが独立した施設とは異なる新たな学習、交流、活動機会を誘発し、市民に活発に利用される施設を目指した。

①新たな興味と学びの誘発

　図書館から市民学習機能各室での活動が見えるようにして、図書館利用者に対して新たな興味と学びを誘発する施設をつくる。

②学習の幅が広がる環境

　市民学習機能の各室の入口近くに関連図書を設け、展示会やセミナー、教室に参加した後にさらに本で調べるなど興味や学習の幅が広がりやすい環境をつくる。

③市民活動における図書館資料の活用

　市民学習機能の各室の近くに関連図書を排架する。市民学習機能でのさまざまな活動の中に図書館資料をとり入れやすい環境をつくる。

④市民活動の発信

　セミナーや各種教室の内容や活動を図書館利用者に対して市民活動を発信できるように、制作した作品などを入口際に展示できるようにして、活動の魅力をアピールできる環境をつくる。

⑤新たな交流・活動の誘発

　図書館と市民活動のためのスペースは互いに「見る・見られる」関係をつくり、新たな交流や新たな活動を誘発する場として仕掛ける。

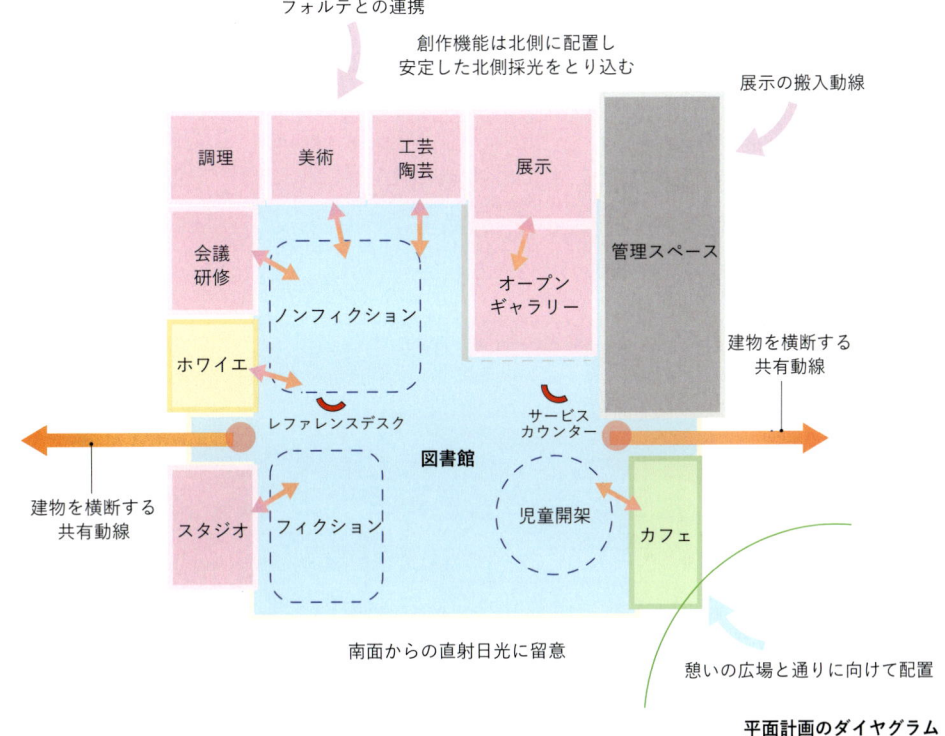

平面計画のダイヤグラム

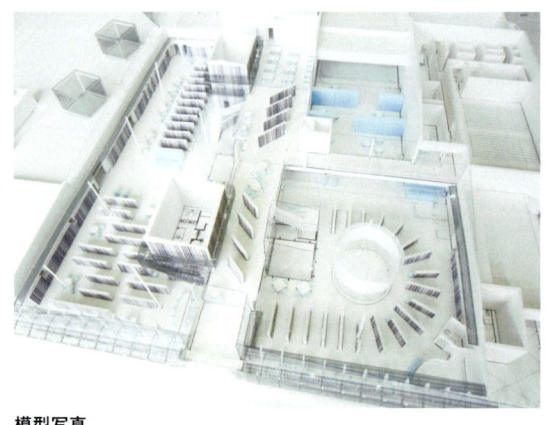

模型写真

(2) 平面構成の具体化

1) 基本構成

　図書館の開架スペースを中央に置いた。その周囲に、西北側に市民学習機能、北側に展示機能、東北側に管理機能、と開架スペースを囲むように配置している。

　市民学習機能は、音楽スタジオ、会議・研修室、キッチンスタジオ、ふたつの創作スタジオの諸室群からなる。

　市民学習機能の各室と開架スペースは法的要求と防音のために RC 壁で隔てながら、開架スペースから市民学習機能各室の内部が見通せるようにして、活動状況を館内に公開する。

　ギャラリーは開架スペースと一続きの空間とした。ギャラリーと一般図書スペースの間は鉄筋コンクリート壁として、ギャラリーでのイベント時に開架スペースへの音の影響を最小限にしている。

2) 主動線

　東側・西側の2か所の入口を設け、開架スペース中央東西方向に主動線を設定した。

　東側入口近くにサービスカウンター、西口入口近くにレファレンスカウンターを設け、利用者の利便性を高めながら、運営者側の BDS への対応をしやすいものとしている。

　この主動線に沿って2階への階段、エレベータを配置している。

3) 開架スペースの構成

　開架スペースは、光庭とブックタワー、2階のスペースによって緩やかに分節される。

　この緩やかな遮蔽によって、児童図書スペースから一般開架スペースへ子どもの声が伝わりにくくしている。また、2階の学習室はガラスで仕切り、クワイエットルームとしている。

4) 寸法体系

　書架間隔は 1,800 mm である。各部の平面寸法は、この書架間隔と書架 1 連あたりの寸法（900 mm ＝書架間隔／2）を基本とする厳格なモジュールで規定し、カーペットタイルも 450 mm 角（1800 mm／4）である。

　また、開架スペース周囲の壁前面の位置を通り芯に規定することによって、全ての書架間隔を同一にしている。この秩序ある開架スペースを構成するために、構造体の仕口取り合いはやや複雑なものとなっている。

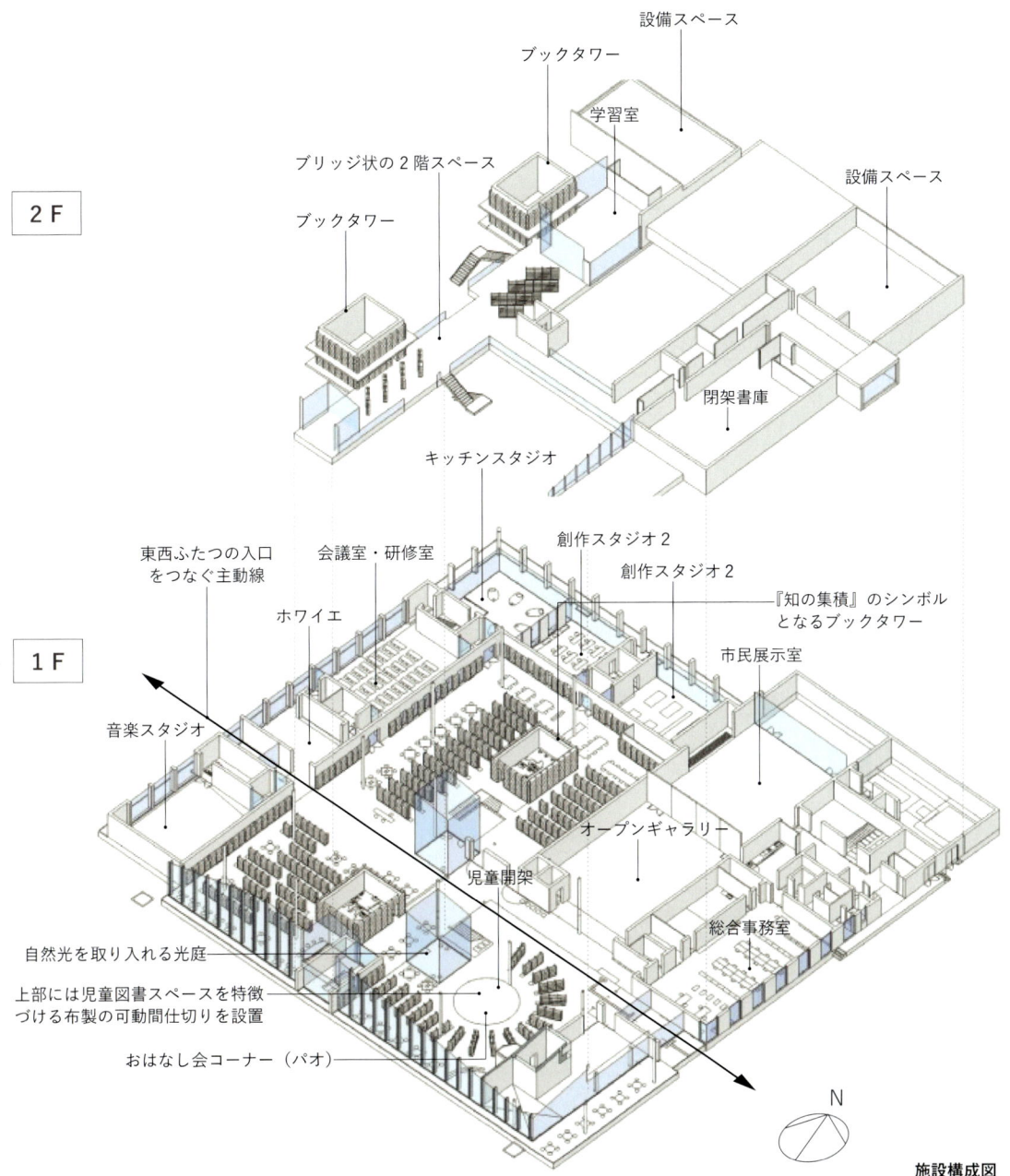

2 F

設備スペース

ブックタワー

学習室

ブリッジ状の 2 階スペース

ブックタワー

設備スペース

閉架書庫

キッチンスタジオ

1 F

東西ふたつの入口をつなぐ主動線

会議室・研修室

創作スタジオ 2

創作スタジオ 2

『知の集積』のシンボルとなるブックタワー

ホワイエ

市民展示室

音楽スタジオ

オープンギャラリー

児童開架

総合事務室

自然光を取り入れる光庭

上部には児童図書スペースを特徴づける布製の可動間仕切りを設置

おはなし会コーナー（パオ）

N

施設構成図

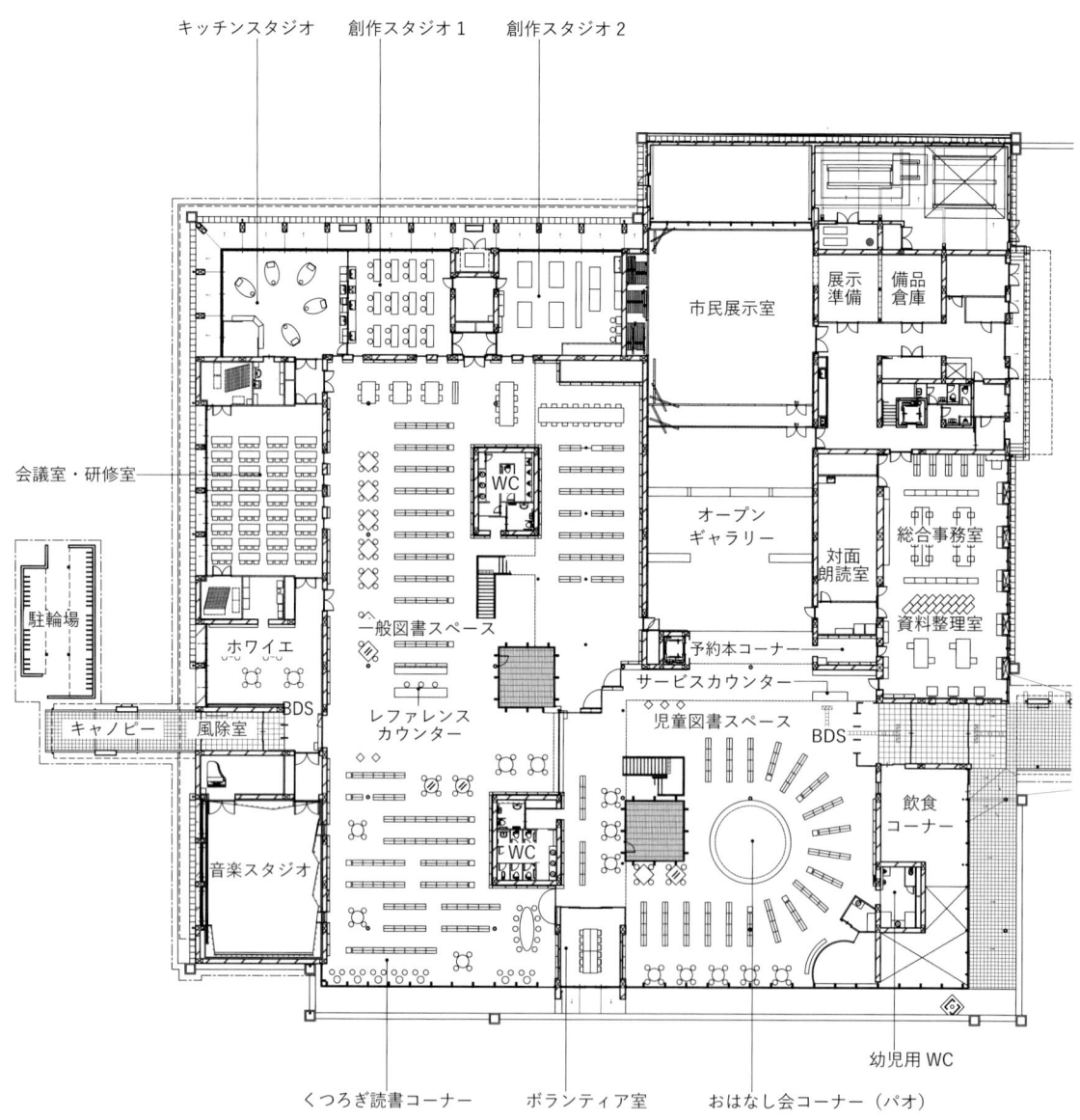

キッチンスタジオ　創作スタジオ１　創作スタジオ２

市民展示室

展示準備　備品倉庫

会議室・研修室

オープンギャラリー

総合事務室

対面朗読室

資料整理室

WC

駐輪場

ホワイエ

BDS

一般図書スペース

レファレンスカウンター

予約本コーナー

サービスカウンター

児童図書スペース

BDS

飲食コーナー

キャノピー　風除室

音楽スタジオ

WC

くつろぎ読書コーナー　ボランティア室　おはなし会コーナー（パオ）

幼児用 WC

1 階平面図　1:600

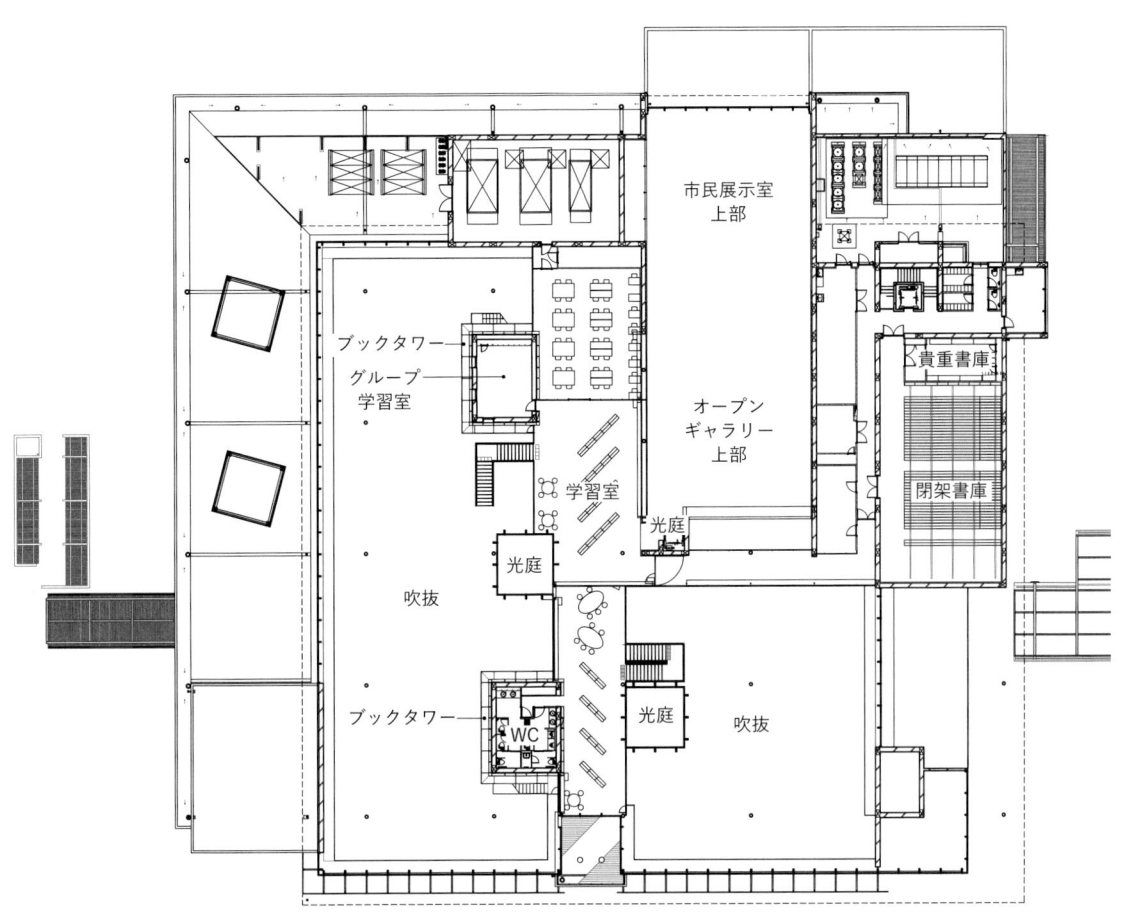

市民展示室
上部

ブックタワー

グループ
学習室

オープン
ギャラリー
上部

学習室

光庭

光庭

吹抜

貴重書庫

閉架書庫

ブックタワー

WC

光庭

吹抜

2階平面図　1:600

(3) 空間の構成

1) 空間構成と構造

　空間構成と構造システムは密接不可分の関係にある。私たちは、建物規模の大小や用途に関わらず、免震構造でなければ、例外なく耐震要素を備える強度型の構造体を採用する。それが、地震国日本における設計者の理性と考えているからだ。

　西側・北側周囲の市民活動センター部分、東側の管理スペース部分は鉄筋コンクリート造として、開架スペース周囲を取り囲む。ここに配置した耐震壁によって、大半の地震力を負担する。柱幅と壁厚を同寸法として、柱型の突出をなくしている。

　開架スペースの屋根と、開架スペース2階部分の床は鉄骨造である。大きな屋根の鉛直荷重を支持する柱（鋼管）は、10.8m間隔で配置している。書架間隔（1.8m）と閲覧席間隔（2.7m）の妥協点である。この屋根の水平力を負担するために大屋根の下に3つの耐震要素を配置し、そのうちのふたつをブックタワーとしている。基礎は直接基礎である。

2) ワンルームと緩やかな空間の分節

　開架スペースとギャラリーは、東西46.8m×南北53.4mの矩形の平面形を基本とする、大きなワンルームの空間である。

　この大きなワンルームの中央に、T字型のリニアな2階のスペースを設けた。このT字型のブリッジ状の2階スペースとブックタワー・光庭によって、ワンルームはそれぞれの機能に応じた4つの空間に緩やかに分節される。この4つのスペースに、東南側を児童図書スペース、南西側を一般フィクションスペース、北西側に一般ノンフィクションスペースを設定した。

　大きなワンルームは天井の高さと併せて、1階を4つのスペース、2階を併せて計5つのスペースに緩やかに分節されている。

実施設計時の内観パース（開架スペース）

実施設計時の内観パース（入口）

3）開架スペースの 5 つの空間分節

開架スペースと展示スペースは、ひと続きの空間としている。そのなかを緩やかに 5 つのスペースに区分している。

①展示スペース

クローズドした展示空間となる市民展示室と開放されたギャラリーを連続させた。一体の空間としても、区分しても活用できる。

②児童開架スペース

東側エントランスに近い位置に児童開架スペースを位置付ける。おはなしコーナーを中心に周囲に放射状に書架を配置し、子どもの世界を形成する。

スタディ模型（児童開架）

③一般図書（フィクション）

憩いの広場が望める図書スペース南側に、文学系の資料を排架した。

④一般図書（ノンフィクション）

市民学習機能に囲まれたエリアには、文学系以外のノンフィクションの資料を排架することにした。書架に囲まれた落ち着きのある空間である。市民学習機能各諸室入口近くには、各室の機能に関連する資料、東側の壁面書架には郷土資料を排架する。

光庭に面する明るいスペースを新聞・雑誌の閲覧スペースとした。

スタディ模型（一般開架）

⑤ヤングアダルトスペース

開架スペース全体を見渡せる 2 階にヤングアダルトスペースを設けた。近接してギャラリー状の学習スペース、学習室を設けている。

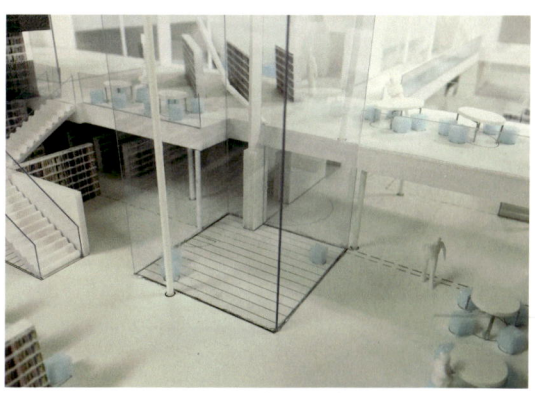

スタディ模型（光庭と青少年コーナー）

（4）空間のデザイン

1）高さが変化する鏡面の天井

　この天井が愛称「カレード」の由来である。数多の本や訪れる市民が天井面に映り込み、いつも違う表情を見せる「万華鏡（kaleidoscope）」のような内部空間を創り出している。

　天井の高さと形状は、ほぼ屋根面の裏返しである。天井の高さと形状の変化が、ワンルームでありながら、機能に対応した空間の性格づけをしている。

2）空間を特徴づけるもの

　開架スペースに3つの異物を挿入し、単純な平面形状に大きな変化を与えている。

①ブックタワー

　ブックタワーは屋根面の耐震性を確保する耐震要素である。それを「『知の象徴』としての本の集積が空間を支える」空間構成要素として、この図書館の空間を特徴づけている。

ブックタワー

②光庭

　光庭は約5m四方の外部空間である。この光庭によって、自然光で明るい館内を実現している。自然光を採り入れながら、緩やかにスペースを隔てて、発生音の伝播を抑制する役割ももつ。

③パオ

　児童開架スペース中央におはなしコーナーを設けた。普段は靴を脱いで使う閲覧席である。このスペースの上部に薄い布製のタペストリーを下げ、これをパオと呼ぶことにした。

　ダブルレイヤーの内側を上下させて、おはなし会の際には子どもたちを包み込む。

　このパオに描かれた絵は、野々市市出身の映画監督米林宏昌氏が描き下した。タイトルは「つながる輪」である。

パオ

キッチンスタジオ

ホワイエ

創作スタジオ 1

(5) 市民学習機能各室のデザイン

市民学習機能は、開架スペースからアクセスすることを基本に、西側・北側に開架スペースを取り囲むように配置した。各室の活発な活動を誘発するために、ネーミングも「スタジオ」としている。

1) 音楽スタジオ

音楽の練習スタジオとして、床・壁・天井を浮き構造、内側の開口部は三重ガラス、外部は防音二重サッシュとして完全な防音・防振を施し、内部の反響も制御している。設計に当たっては永田音響の協力を得ている。

音楽スタジオ

2) ホワイエ

会議室の足溜まり、休憩のためのスペースとして設けた。ポスター等の掲示やチラシはここに集約することにしている。

3) 会議・研修室

最大100人を収容できる会議・研修のためのスペースである。可動間仕切り壁によって2室に区切ることができる。2室になった場合にも対応できる入口、テーブル・椅子を収納できる倉庫を備えている。

4) キッチンスタジオ

ママ友が料理をつくりながら、情報交換やおしゃべりができる場を想定した。テーブルに備えたIHヒーターで調理しながら食べ、パーティシンクでカップやグラスを濯ぐ。鍋や食材の洗浄のためには、壁側に大きなシンクを備える。

会議室・研修室

5) 創作スタジオ

ふたつの創作スタジオを用意した。ひとつは学校の図工室、もうひとつは技術室である。外部には陶芸の窯を備えている。

創作スタジオ2

東側入口のキャノピー

(6) その他のスペースのデザイン

1) 東側入口

駐車場に面する東側の入口付近に返却機能を集約させている。

風除室外側には夜間・休日用の返却口を用意した。また、風除室内には、大人用と子ども用の高さを設定した2口の開館時間内の返却口を設けている。いずれも、背面は管理スペースの返却処理スペースに直結している。

このスペースを確保するために、風除室の奥行は他の施設よりも深く設定している。このことによって、空調の熱損失の低減と風除室廻りの結露防止を図っている。

開架スペースの入口近くにBDS、インフォメーションのためのカウンターを設けている。

2) 飲食コーナー

飲食コーナーは、ひろばに面する東側の入口脇に設けた。金沢市内に本社をおき、全国的に展開している「ぶどうの木」がテナントして入居する。

3) 管理スペース

管理スペースは、サービスカウンターの背後となる北東側に集約した。

資料返却は、東側入口に集約し、背後の返却処理スペースで速やかに処理できるように、効率的なレイアウトとしている。

展示物の搬入・準備のためのスペースを市民展示室と隣接させて設けている。事務室の直上となる2階に閉架書庫を設け、事務室との間のエレベータ・階段を用意している。

ヤングアダルトスペース

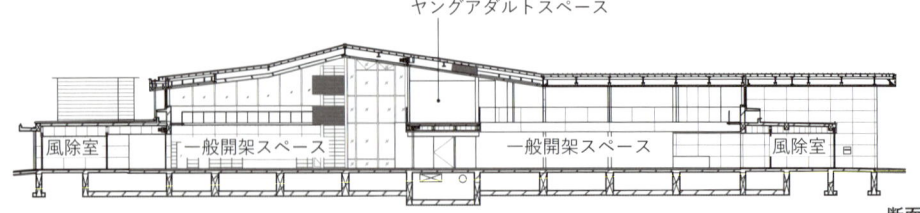

風除室　一般開架スペース　一般開架スペース　風除室

断面図　1:600

9. 高さの設定

(1) 設計 GL と 1 階床高の設定

　床レベルの設定は、下記の要因を複合的に検討して決定した。配置計画上の手掛かりとした南北軸の北側道路境界のレベルを設計 GL として設定し、1 階床高は GL + 900 ㎜に定めた。

1) 周辺道路の高さ

　敷地は南側から北側に緩やかに傾斜している。南北軸線上において、南側道路と北側道路では約 600 ㎜の高低差があった。北側道路との高さの関係を勘案しながら、1 階床面が南側道路よりも高くなるように設定することにした。

2) 西側敷地境界から西側入口のまでの勾配

　東西軸線上における西側敷地境界線から西側入口までの距離が比較的短い。この間のスロープの勾配を 1 ／ 18 以下になるようにした。

3) 敷地内雨水排水

　敷地内の雨水は、高低差の最も低い駐車場下に貯留することを前提として、貯留槽まで自然勾配が確保できることを目指した。実際には、流出レベルや要求される調整量が大きくなり、広場下にも貯留槽を設けている。

4) 地中支持層

　直接基礎の支持層は、平均で GL − 2,600 ㎜の深さにあることがわかっていた。地中梁の下端レベルを支持地盤面近傍の深さとして、掘削土量と搬出土量が最小になることを目指した。実際には、支持地盤の傾斜もあり、地盤改良を行っている。

(2) 階高の設定

　1 階階高は、十分な天井高を確保しながら、できるだけ低く抑えることを前提とした。2 階床レベルは 1 階レベルから（1 階階高）3,600 ㎜である。

10. 外部環境のデザイン

(1) 広場・園路

　「公園の中の図書館」となる景観的なイメージと、イベント会場としての広場スペースを建物南側に確保した。この何もない、広い芝生のスペースが豊かさをつくり出している。その敷地内を回遊できるように園路を設けている。

　特別支援学校時代には敷地内にたくさんの樹木があったが、解体と同時にほとんどが伐採されてしまった。残された貴重な既存樹木を維持しながら新たな植栽を加えて、市民の憩いの場、市街地にうるおいを与える豊かな緑とした。数年後、樹木が成長すれば、公園の様相はより豊かになるだろう。

(2) 歩道・駐輪場

　配置計画上の南北軸線上に敷地内を縦断するメインの歩道が歩行者の通り抜けを可能にしている。この歩道とキャノピー下の舗装はインターロッキングとして、館内の床パターンと符合するモノトーンのグラデーションを施している。

　駐輪場はこの歩道に沿って設けている。利用者スペースと管理用駐車場を視覚的に分離する役割も果たしている。

　西側入口の外側にも駐輪場を用意している。

(3) 駐車場

　敷地東側に 100 台強の駐車スペースを確保している。南側道路と北側道路から進入できるようにしながら、場内は原則一方通行としている。

　大雪の際の除雪を考慮して、車止めのないフラットな駐車場である。

　コミュニティバス・のっティの経路を別に設けている。

11. 建物諸元

建物名称　　野々市市文化交流拠点施設
　　　　　　学びの杜ののいち　カレード
所在地　　　石川県野々市市太平寺四丁目 164 他
主要用途　　図書館
発注者　　　野々市まちづくり株式会社
　　　　　　（野々市市　PFI 事業）

敷地条件
地域地区　　第一種住居地域　第二種住居地域
道路幅員　　南側道路 19.59m
駐車台数　　159 台

構造
主体構造　　ＲＣ造　一部Ｓ造
杭・基礎　　べた基礎

規模
敷地面積　　18,822.80 ㎡
延床面積　　5,571.04 ㎡
　　2 階　　1,126.94 ㎡
　　1 階　　4,444.10 ㎡
建築面積　　4806.99 ㎡
建蔽率　　　25.53%（許容：200%）
容積率　　　29.29%（許容：60%）
階数　　　　地上 2 階

寸法
最高高　　　10,105 ㎜
最高軒高　　 9,025 ㎜
階高　　　　 3,600 ㎜
天井高さ　　開架スペース 11,000~18,500 ㎜ 程度
　　　　　　その他室　2,700 ㎜ 程度
主なスパン　10,800 ㎜

設計
三上建築事務所・梓設計・フジタ設計共同体
　　総括　　益子一彦
　　建築　　三上建築事務所
　　　　　　小沼悟　内野秋津
　　　　　　齋藤勝弥　佐藤拓朗

　　構造　　三上建築事務所
　　　　　　倉持勝己
　　　　　　坂田涼太郎構造設計事務所
　　　　　　坂田涼太郎　鈴木一希

　　設備　　明野設備研究所
　　　　　　吉本健二　松田真明　佐藤めぐみ
　　　　　　小川津久雄　川島孝康　神谷美加

監理
三上建築事務所・梓設計
　　総括　　益子一彦
　　建築　　三上建築事務所
　　　　　　小沼悟　内野秋津

　　構造　　三上建築事務所
　　　　　　倉持勝己

　　設備　　明野設備研究所
　　　　　　吉本健二　松田真明　川島孝康

施工
フジタ・豊蔵組・清水建築工事共同企業体

工期
設計期間　2015 年 9 月〜 2016 年 7 月
工事期間　2016 月 8 年〜 2017 年 7 月

第 4 章　玉野市立図書館・中央公民館

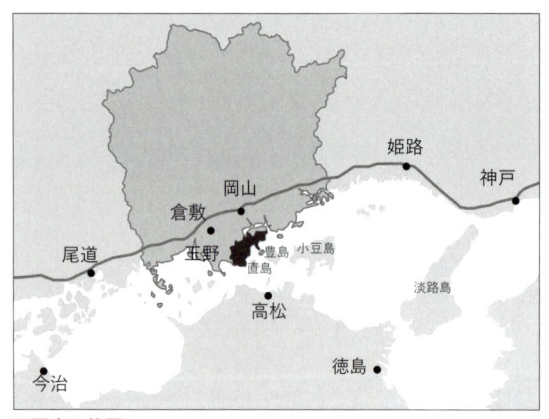

玉野市の位置

計画地周辺の地図

1. 岡山県玉野市

　玉野市は岡山市の南に位置し、瀬戸内海に面している。古くは塩田と造船で栄え、香川県高松市の高松駅と行き来した宇高連絡船の宇野港としてにぎわった。連絡船が廃止されて久しい現在でも、高松をはじめ直島や豊島との間を行き交うフェリーが発着する。

　アートの島として有名になった直島は目と鼻の先にある。現在では、直島・豊島のアート探訪へ出向く港として知られている。

2. 事業の概要

　このプロジェクトは、大型商業施設を所有する事業者がその一部床を玉野市に譲渡し、そこに図書館を設置するものであった。併せて、商業施設側も大掛かりなリノベーションを行い、施設を再生させ、中心市街地の活性化を目指すものであった。

　この大型商業施設は、玉野市の中心市街地に位置している。道路を隔てた向かいには玉野市役所がある。1、2階と3階の約半分が商業施設で、3階の約半分と4階、屋上に駐車場が設けられている。

　1972年に建設され、45年が経過しているが、現行の耐震基準を満たしている。図書館に割り当てられたのは2階部分の約4,300 ㎡である。

　この事業は、運営者と運営者の意向に沿った設計をする設計者がパートナーシップを組んでプロポーザルに参加するものであった。私たちは、運営者となる図書館流通センターと協働してプロポーザルに参加し、それぞれ運営者・設計者に選定された。

3. この施設が目指したもの

(1) にぎわいの創出

「日常生活を支える商業施設」のなかに「生涯学習のための公共施設」を誘導し、相互の利便性を高め、より幅広い層の市民に利用してもらう。それぞれの施設が活発に利用され、相乗効果を生むことによって、中心市街地ににぎわいを促進することが大きな課題であった。

瀬戸内海の風景

(2) 図書館と公民館の融合

豊かな恵み、そしてまた穏やかな風景をもたらしてくれているのは瀬戸内の海である。そして、海に点在する島々の姿である。

図書館は知識・情報・物語があふれる海のような場所であり、そして公民館はそれを基に新たな活動をしていく島のような場所として捉えた。

図書館と公民館の機能を融合させることによって、図書館からの情報や知識を得て、公民館の活動がより豊かなものになる。また、図書館での学習が公民館で実践の機会につながる。

スペース構成のダイヤグラム

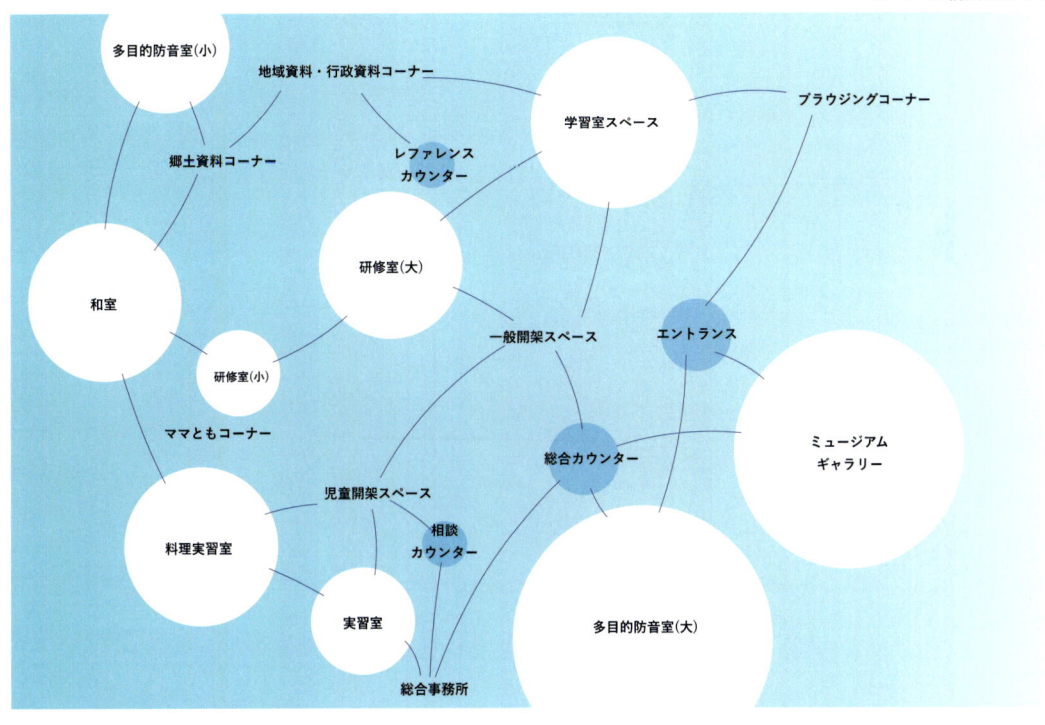

建物外観

改修前の商業施設の様子

4. 用途変更における様々な制約

このプロジェクトは、大型物販店の一部を「図書館を中心とする公共施設」に転用するものであった。一部とはいえ、既存施設の用途に基づいた建物を転用するうえでは、許容積載荷重をはじめとする構造的な制約、すでに幹線ルートが出来上がっている設備的な制約、柱割や階高などの寸法的な規制、既存建物とは異なる用途として適用される法的制約等々、さまざまな制約を受ける。

躯体を維持するリノベーションは、そうした制約を飲み込み、その制約をデザイン要素として組み入れていくことが肝要となる。

(1) 構造の制約

当然のことながら、許容積載荷重の設定は図書館ではなく、物販施設のものである。

既存建物の構造計算書の設定荷重を捉えたうえで、書架高さを低く抑え、書架間隔を広く設定することで、単位面積当たりの積載荷重を許容内に納めることにした。

このことは、柱間隔の制約と同時に解決することとなった。既存建物の柱間隔8,400 mmを4等分して、書架間隔を2,100 mmに設定した。結果として、書架間隔は一般的採用される1,800 mmよりも余裕のあるスペースとなり、積載荷重もクリアした。

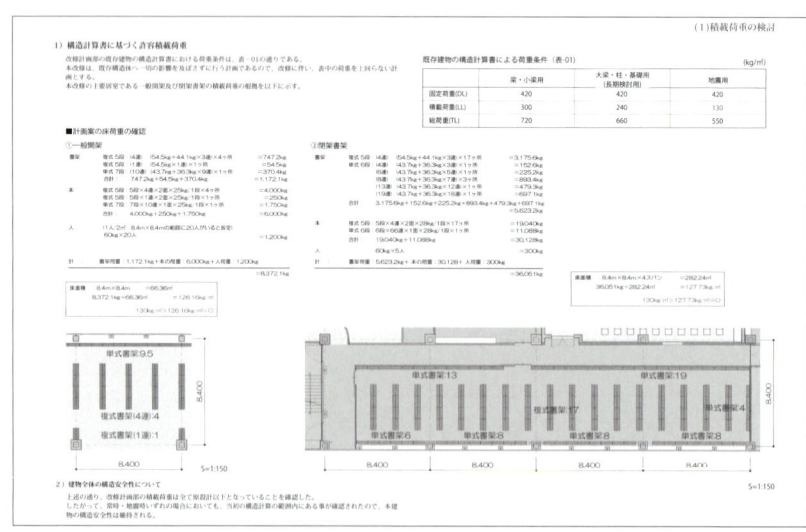

許容積載荷重の計算

(2) 採光の制約

既存施設には外周にはほとんど開口部がない。外の景色が見られない、緑が欲しいなどの要望もあったが、建物全体の印象を損なわないようにすることと、工事費を節約するために、窓は新設しないことにした。したがって、照度は人工照明で確保することになる。

(3) 水廻りの制約

1階のスーパーを営業しながら工事を行うことが前提であった。工事中を含めて、下階に対して一切影響を及ぼさないことが要件となった。そのため、給排水設備を当該階のスラブ下に設けることはできないことを条件とした。

給排水配管は外壁外に出して、給排水設備が必要な諸室は外壁沿いに配置することにした。

(4) 天井高さの制約

既存の売り場の天井内には、空調設備の機器と配管、換気設備や排煙設備のダクト、スプリンクラーの配管等が密集している。また、要所には防火区画のためのシャッターもある。それだけ密集した設備を維持することがコスト的にも合理的である。天井を吊るため吊ボルトも維持することを前提とし、可能な限り天井の下地も維持した。

そのため、天井高は既存の3mを維持している。

(5) 動線の制約

もともと物販店のバックヤードを流用することとした。

効率的な搬入経路を確保するため、総合事務所や倉庫、ギャラリーなどの諸室は、バックヤードの搬入用EVの近くに配置した。

料理実習室や実習室など材料の持ち込みが想定される部屋も搬入用EVからの経路を確保している。

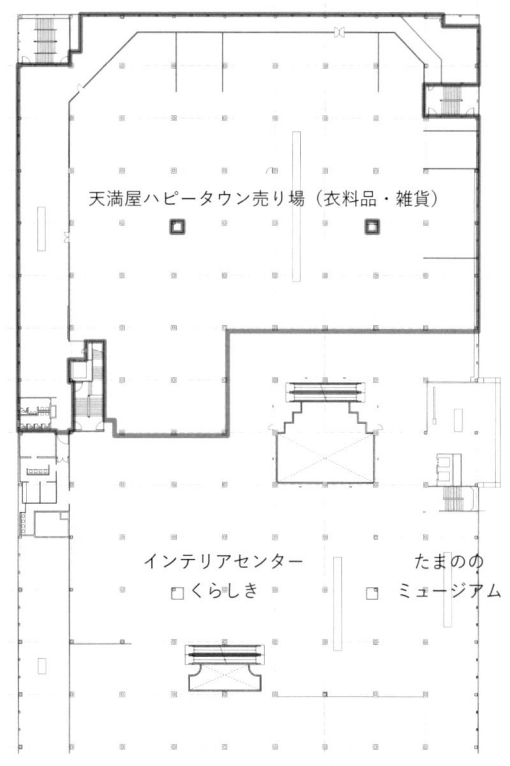

既存2階平面図　1:600

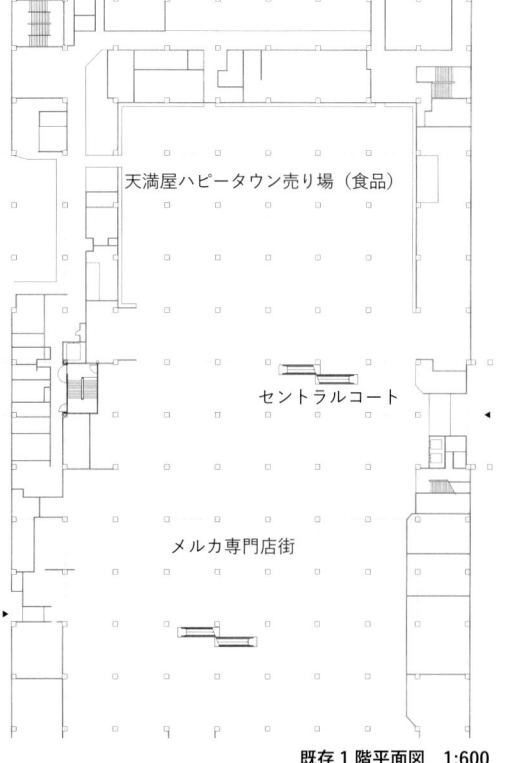

既存1階平面図　1:600

商業施設から見る図書館・公民館入口。右手がサイネージ

実施設計完了時のパース

入口付近のインフォメーションデスク

5. 内部空間の構成

　前述のような多くの制約をクリアしながら、各機能の関係性を整理して、図書館と公民館が融合し、商業施設とともに相乗効果を発揮することを重視して施設を構成した。

　床面積 4,000 ㎡を超える公共施設が比較的整形な1フロアで構成できることは、機能的にも空間としても、さらには投資費用の節約という点においても、極めて魅力的なことである。

　しかも、すでに駐車場まで完備されている。逆にいえば、地方都市で新たに土地を取得して 4,000 ㎡の公共施設を設置しようとすれば、駐車場を含めて 8,000 ㎡規模の用地が必要となり、初期投資も数倍にのぼることは明らかである。

　このようなことがらを考慮すれば、建築計画上の制約も些細な事象に過ぎない。1フロアで構成することの利点を最大限に活かすことにした。

(1) 均質空間の形成

　窓がないことから、自然光は入らない。設計者としては、外観をデザインできないという寂しさはないわけではない。しかしながら、昼間も夜間も、晴天の日も雨天の日も、内部空間は外的な変化に左右されることはない稀有な空間となる。また、既存施設の制約から天井高さは一定である。

　その条件をそのまま受け入れて、ベースとなる建築空間を均質に構成することにした。仕上げは床カーペットタイル、天井は顔面吸可音板である。照明は一定のライン上に配置し、それを空間の基本形とした。そのベース空間を前提に、要求に対応するスペースを形成している。

(2) 余裕のある書架間隔

　物品販売店舗からの転用した空間は、柱間隔が 8,400 mmである。上階の駐車場から決定されたものと推察する。書架間隔は、柱間隔の1／4(8,400 mm／4) となる 2,100 mmを基本とすることとした。

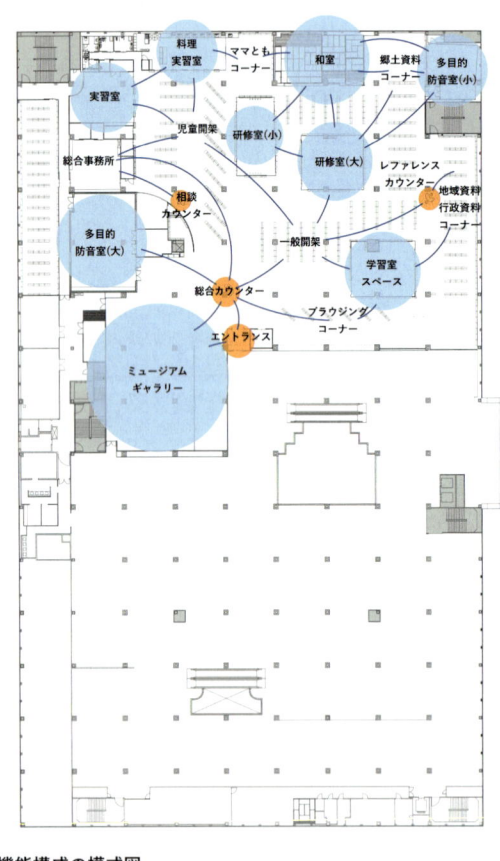

機能構成の模式図

(3) メイン動線と各室へのアクセス

　施設内は総合カウンター前を通過するようにループ状のメイン動線を設けることをレイアウトの基本とした。このメイン動線に沿って各室・各スペースを配置している。

(4) 図書館と公民館の融合

　図書館開架スペースと公民館は完全に一体のものとして、公民館各室・各スペースへのアクセスは開架スペースからとした。これによって、従来の廊下がなくなり、大幅にスペース効率が高められている。

　公民館各室への出入りの際の物音が図書館利用者の邪魔になるなどのデメリットがないわけではない。雑音もにぎわいの一部と考えれば開架スペースは静寂である必要はなく、逆に、公民館各室同様にガラスで仕切られた静寂スペースを用意することにした。

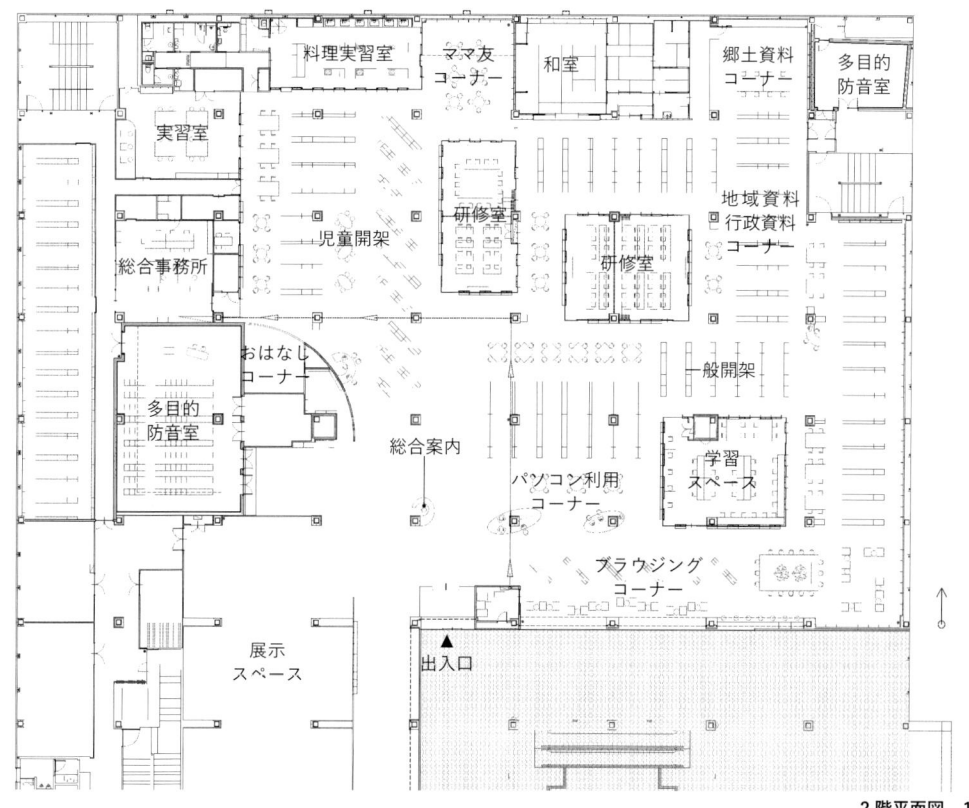

2階平面図　1:300

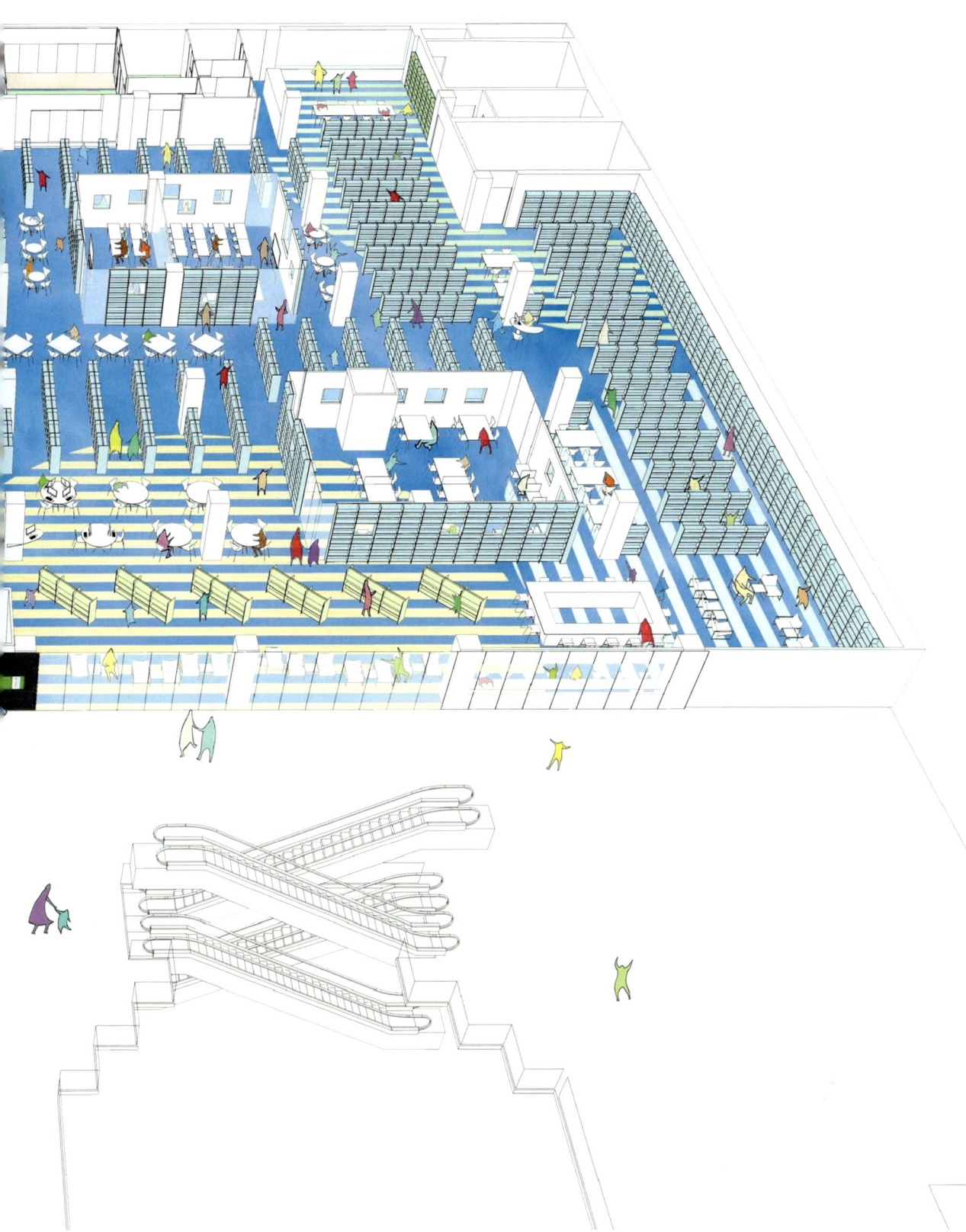

入口

インフォメーションデスク

自動貸出・検索コーナー

ブラウジング

6．内部空間のデザイン

(1) 入口

1) アプローチ

　図書館・公民館の顔が商業施設に表出する。左手の壁面は瀬戸内海の水を連想させる水色に彩色し、玉野の「玉」型の円形の窓を設けて、内側のギャラリーが覗けるようにしている。

　一方、正面自動扉右脇に館内情報を提示するサイネージを設けている。

　そして、内側に設けた BDS との間に返却口がある。サイネージの裏側に箱状の空間を設けて、返却処理スペースとしている。

2) インフォメーションデスク

　インフォメーションデスクは、入口正面に位置する。貸出返却が自動化される現代の図書館では、レファレンスデスクとともに、図書館員がコンシェルジュとしての本来の役割を果たすキーステーションである。

　反転させたクエスチョンマークをモチーフに柱と一体化させて、わかりやすい場所に据えた。

3)OPAC・自動貸出

　OPAC や自動貸出機等の設置はコンバージョン、しかも床を改造できない場合において非常に厄介な存在である。この建物においては、電源は天井内でしか横展開できないことから、柱の下地内に天井から電源通信線の立ち下げスペースを設けた。OPAC や自動貸出機等の電源・通信が必要なものは柱にからめて設けることにした。

(2) 床

　天井高が一定の均質空間においては、床が主なのデザイン対象である。床はほぼ全域カーペットタイルとした。瀬戸内海の海の色を想起する藍色を基本に、子どものエリア、ブラウジング、一般開架の場所に対応して、明るい色を挿入した。

(3) 開架スペース

1) 一般開架

一般開架スペースは、挿入された個室によって緩やかに分節されながら連続する。それによって、均質空間のなかに変化をつくり出した。

書架の高さは、独立書架を5段(1,500 mm)、壁付書架を7段(2,100 mm)とした。結果的には、低い書架がゆったりと配置され、ゆとりのある開架スペースとなった。

入口付近から見る一般開架

2) 児童開架

児童開架は入口正面に設けている。一般開架とはサインの色調も変えて、均質空間の中でもほんわりとした雰囲気を演出している。

児童開架スペースの独立書架は4段(1,200 mm)とし、成人女性や小学生高学年でも目線が通る高さとしている。壁付書架は5段(1,500 mm)である。

児童開架

(4) 開架スペース内の個室

開架スペース内に設ける公民館の会議室や学習室などは、ガラスで仕切っている。

2.1mの高さまでは壁とガラスを交互に立てて、開架スペース側の壁面は書架とした。床から2.1mの高さから天井までのいわゆる欄間部分は全面的にガラスとして、天井面近くでは視線が抜けるようにして閉塞感を回避している。

ガラスの内側が会議室

一般開架

展示スペース

多目的室

創作工房

調理室

(5) 公民館各室

1) 展示スペース

入口左側に展示のためのスペースを設けた。当初は可動の展示パネルによって展示壁面を確保する予定であったが、予算の都合で固定壁面になった。

しかしながら、将来予算措置ができたときに可動パネルを設けられるように天井内に下地を仕込んでいる。

2) 多目的室

100人収容の防音を施した室である。ヨガや軽運動での活用も想定する、文字通り多目的な部屋である。

防音とはいえ、鉄骨造の物販施設に乾式工法で防音を施すことには自ずと限界はある。それでも、音楽会・発表会・講演会などの利用であれば支障はないレベルで設えている。

ここには、インタラクティブ・プロジェクションが設置されている。

3) 創作工房

子どもたちのお絵描きや工作に対応しやすいように、児童開架に面して設けた。

木工にも対応できる程度の作業机、工具棚などを用意している。

4) 調理室

児童開架に面して設けた。お母さんたちが調理をする様子を子どもたちから見えるようにするためである。

一方、給排水経路がこの辺りにしか確保しにくいという物理的事情もあり、各テーブルに給排水設備はなく、シンクは壁側に集約している。

5) ママ友コーナー

　調理室に隣接して設けている。必要であれば、調理室での試食コーナーにもなる。

　子どもをもつ若い母親たちが情報交換（おしゃべり）する場所として想定し、奥側に設けている。

6) 和室

　玄関、12帖の前室、床の間をもつ21帖の広間、それに付随する板の間、四畳半台目の茶室、水屋・台所からなる、大掛かりな和室である。

　広間は、茶会の際には大勢の人が出入りすること、また、予約がない場合にはたたみの閲覧席としても使えるように、開架スペース側に2間強の間口と式台を備えた入口を設けている。

　また広間は、4寸角柱を基本とする数寄屋調の設えとしている。仕上げ・下地ともに不燃材（軽鉄壁下地・石膏ボード）としていることから柱散は小さいが、大面を施している。板の間には障子を設け、その外側に照明を仕込んで、「和室らしさ」を演出している。

　四帖台目の茶室は、炉・水屋・躙り口をもち、柱には面皮柱を、床框には太鼓落とし丸太を用いた本格的なものである。

茶室

7) 研修室

　研修室・会議室は開架スペース内に設けている。視覚的にはほどほどに閉じられる感じとしている。ブラインドで閉じることもできるようにしている。

多目的室のインタラクティブプロジェクション

7. 建物諸元

建物名称　玉野市立図書館
所在地　　岡山県玉野市宇野１丁目３８番１号
　　　　　（天満屋ハピータウンメルカ２階）
主要用途　図書館
発注者　　玉野市

敷地条件

地域地区　商業地域
道路幅員　東側道路 20 m
駐車台数　400 台

構造

主体構造　Ｓ造
杭・基礎　杭基礎

規模

敷地面積　15447.88 ㎡
延床面積　4,218.16 ㎡（工事対象部分）
建築面積　4,218.16 ㎡（工事対象部分）
建蔽率　　63.96%
容積率　　166.46%
階数　　　地上４階

寸法

最高高　　22,100 ㎜
最高軒高　18,360 ㎜
階高　　　 4,300 ㎜
天井高さ　 2,980 ㎜
主なスパン　8,400 ㎜

設計

三上建築事務所
　総括　　益子一彦
　建築　　三上建築事務所
　　　　　冨田武俊　江原悠子　松本悟志

　構造　　三上建築事務所
　　　　　倉持勝己

　設備　　三上建築事務所
　　　　　松本敬一郎
　　　　　NAS ファシリティーデザイン室
　　　　　那須保

監理

三上建築事務所
　総括　　益子一彦
　建築　　三上建築事務所
　　　　　冨田武俊　江原悠子

　設備　　三上建築事務所
　　　　　松本敬一郎
　　　　　NAS ファシリティーデザイン室
　　　　　那須保

施工

建築　（株）重藤組・（有）村上美建
　　　建設工事共同企業体

電気　旭電業株式会社
機械　朝日管工株式会社

工期

設計期間　2015 年 9 月〜 2016 年 7 月
工事期間　2016 月 8 年〜 2017 年 7 月

第5章　ＩＣＴを活用した図書館空間の計画

1. 公共図書館における ICT

(1) 図書館の ICT 化

ICT とは、Information and Communications Technology の頭文字である。図書館の ICT 化は情報通信技術を導入することである。ICT はコンピュータと密接不可分で、その原初的な役割は資料のデータ管理にあった。

現在日本の大多数の公共図書館では、所蔵する資料の目録はデータ化され、その 所在管理はコンピュータで行われている。小さな図書館でさえ蔵書数は数万を数えることから、資料の所在を確実に管理し、迅速に提供するためには、コンピュータによるデータ管理はもはや不可欠である。それらのことは、利用者の時間を節約しながら、有益な知識・情報を提供することにつながる。

今日の図書館の ICT 化はその延長線上にある。より迅速に、より確実に、より快適に、利用者が求める知識・情報に到達できるようにするものであり、さらに、利用者がより多面的に知識・情報の理解ができるように支援するものである。長い歴史をもつ本を放棄して図書館資料をデジタル化するということではなく、本の有効性をより高める、公共図書館を健全に成長させるものといえる。

したがって、図書館を新築・改築するに際しては、ICT をさらに発展させることを躊躇する理由はない。ただし、やみくもにデジタルデバイスを導入すればよいというものではない。図書館の基本となる健全な蔵書を前提として、その蔵書の有効性を高めるものと考えるべきである。

図書館の ICT に関する目下の課題は、図書館を新築・改築する際に、資料・情報の管理から利用者サービスのデジタル化・ICT 化のどのシステムを採用するかということであり、ICT の発展に建築がどう対応するかということである。

(2) 近代図書館技術の概括的変遷

近代の歴史を振り返れば、図書館はテクノロジーの進展に伴って発展してきた。

1870 年代にメルヴィル・デューイによって書誌分類「十進分類法」が発案された。「十進分類法」は、19 世紀後半の最新のテクノロジーとしてその後の図書館のあり方を決定づけた。

ほぼ同時期に誕生したパリのサント・ジュニュビエーヴ図書館（俗にいわれるラブルーストの図書館。設計はアンリ・ラブルースト＋ジャン・ルイ・パスカル）において閉架書庫が採用された。それは、大量の本を整理して収蔵するという当時最新のテクノロジーの具体化だった。閉架書庫は分類とそれの基づく目録という近代的なテクノロジーによって可能となった。

その目録も 20 世紀後半にはデジタルデータとなった。日本においても 1970 年代には図書館の書誌データのコンピュータ管理が始まる。コンピュータで管理される図書目録の基礎になっているのは、MARC（機械可読目録：Machine –Readable Cataloging）規格というテクノロジーである。

そして、1980 年代にはコンピュータが普及しはじめ、1 冊 1 冊の本の貸出・返却の手続きがバーコードの読み取りによって行われるようになった。さらに、1990 年代には公共図書館でもインターネット上の情報が閲覧できるようになった。

21 世紀に入り、図書館資料の管理はバーコードからより情報容量の大きい IC タグに移行し始めた。その移行は現在も進行している。IC タグの普及によって、自動化書庫、貸出返却などの図書館の ICT 化が急速に展開することとなった。

近代の黎明期の図書館の技術は必要から生まれたものであったことは想像に難くない。今日の図書館は情報と通信の技術を貪欲に吸収しながら進化している。

(3) 日常の ICT 化

　情報化社会と言われて久しい。もはや口にする人さえ珍しい。私たちは日常生活の様々な場面でICTを活用している。しかも、特別な意識も持たずに日常のツールとしている。その代表はスマートフォンであろう。

　スマートフォンで検索すれば、おおよその疑問はすぐさま解消する。多彩なアプリを駆使すれば、知らない土地での電車の乗り換え方法の確認や食事場所を探すことなどに余計な労力を費やすことも無くなった。今やどこにいても必要な情報を引き出すことができるような気分になる。

　そして、多彩なSNSを使い分けることによって、スマートフォンさえ手にすれば誰もが手軽に情報を発信できるようになった。さらに、スマートフォンは健康管理やお金のやり取りも可能にし、本物の自動車さえもまるで玩具のようにリモートコントロールで動かすことがさえ可能にしている。その挙句、そもそもの拠り所であった電話機能は数ある機能のひとつに追いやってしまった。

　電車に乗れば、半数ほどの人が小さなモニターを凝視して絶え間なく指先をこまめに動かしている。多くの人がスマートフォンなしでは現代の社会生活は心もとなく感じているに違いない。その光景は日本独自のものではなく、ヨーロッパやアメリカでも同様であり、中国・韓国・台湾などのアジアの近隣諸国では日本よりもその割合が高いように見受けられる。スマートフォンなしでは社会そのものが成立しないと思えるほどだ。

　現代に生きる私たちは、手の上の小さな端末を結び付けている巨大なネットワークが創り出す、文字通り Information と Communication が技術化された環境に順応せざるをえなくなった。

(4) 図書館の ICT 化と建築の課題

　私たちの生活のICT化を考えれば、今日の図書館へのICTの普及は必然であり、もはや導入の是非に関しての議論の必要はない。

　しかし、ICTは導入することが目的ではない。図書館だからこそ、知識・情報を得るためのより適切かつ有効なツールとして、あるいは、現代のよりインテリジェンス溢れる環境としてICTを必要とするのである。

　図書館のICTは建築計画と整合すればより大きな効果を発揮することは明らかである。しかしながら、現実はそうそう上手くはいかない。何故ならば、ICTと建築の間に有効なプロトコルが開発できていないからである。

1)ICT と建築の関係

　ICTは常に最新のものが最善である。しかも、ICTの進化の速度が速い。最新の装置であってもすぐにアップデートされる。

　システムとしては一定の方向性は見出されているが、個々の装置や機器は常に更新され続ける。しかも、機器の機能・性能が重要なのであって、建築空間に置かれるためにアップデートされるわけではない。

　建築はさまざまな行為の場であり、モノが置かれる場であることを使命とする以上、ICTも受容する。しかし、建築は枠組みを規定することによって凝固する。したがって一度完成すると容易には更新できないという宿命を持っている。

2)ICT のあるリアルな空間

図書館に ICT を導入しようとしたときから、従前にはなかったさまざまな葛藤が生じる。

サービスデスクにコンピュータが導入されたときのことが思い出される。大きな CRT がデスクを占領し、コンピュータ操作のために図書館員が座って応対するようになった。それを解消すべく CRT をデスクに埋め込むなどの措置が採られた。やがて、その措置は意味をもたなくなり、デスク上の開口に蓋がされ、薄型モニターが置かれる。そして今日、サービスデスクにコンピュータさえも不要になった。

建築は長きに渡って、都市との関係、人との関係を基に考えられてきた。人間は人類史上において穏やかな進化を果たし、その進化の過程の中から住居や集落が生まれ、長い歴史のなかで建築や都市が培われてきた。そこに、ICT という全く異なるパラメーターが挿入されることになった。かつての建築の視点で見れば、デジタル機器は空間のなかにおかれる端末である。しかながら、現代ではシステム化された装置が図書館建築のつくり方を変え始めている。

その一方で、21 世紀初頭に議論されたデジタル図書館は影をひそめている。図書館に場所（空間）が必要とされていることが鮮明になったともいえる。それは、当面紙媒体の本の有効性が維持され、リアルな場所や空間をもつことが必要とされていることを意味する。

図書館の ICT もまたリアルな場所に表出し、リアルな場所で効果を発揮するものであるということでもある。ICT を備えたリアルな空間・環境をどう整えるかが、図書館建築の大きな課題のひとつになった。

(5)ICT のアイテムと建築との整合
1)ICT と建築の整合

図書館の ICT と建築の整合の試みは未だ始まったばかりである。建築と ICT の整合に関して、両者の間に通底するルールはない。未だ個々の事象における解決があるだけだ。

今のところ両者の間の共通言語はない。なのに、ICT は建築を変え始めている。しかも、ICT が建築に歩み寄ることはないが、建築側は拒否することも、無視することもできない。建築が積極的に受け入れる準備を整えることである。

達観した見方をすれば、工場の生産ラインや倉庫の搬送ラインと同様のある種のラインを図書館のなかに組み込むということである。工場や倉庫ではそのラインを体幹として建物を構成するが、図書館では利用者の空間が主体となる。

利用者に提供する空間を中心としながら、そこに搬送ラインと神経系ラインを明確に組み入れることが、ICT 導入に際しての基本的な対応であるといえるだろう。

2)図書館 ICT のメニュー

建築と ICT の整合を図っていくためには、図書館の ICT がいかなるものであるかを知らなければならない。そのメニューを一覧すると、右のものが挙げられる。

登場から比較的時間が経過したものもあれば、普及し始めたばかりのものもあるが、いずれもが建築計画と関わりをもつ。建築空間と ICT の機能を密接に関係付けて、空間における装置の位置やスペースの規模を設定し、機器類を適切に納めていきたい。

次項では、建築計画的な観点からそれら一つひとつについて考察することにする。

図書館の ICT の主なメニュー

目的		装置	概要
ＩＣタグ			ＩＣＴ化の基幹技術
返却自動化	返却口	1)返却口	本の返却
	返却処理	2)仮返却	返却された本を在館状態に戻す一連の装置
		3)自動仕分け	
		4)本返却	
予約本の提供		1)予約本コーナー	予約本の提供
		2)自動書籍ピッキング装置 （SFP:システムファインドピッカー）	予約本を開館時間外にも提供
貸出自動化		1)自動貸出機	貸出を自動化する装置
		2)ＢＤＳ （ブックディテクションシステム）	無断持ち出しを防止する装置
サービスデスク 　レファレンスデスク		1)サービスデスク	館内の各種サービスに対応するデスク
		2)レファレンスデスク	レファレンスに対応するデスク
導入部の機器		1)蔵書検索機	蔵書を検索する装置
		2)座席予約システム	館内の座席を予約する装置
		3)読書通帳	読書記録を記載する装置
利便性・快適性 　のためのデバイス		1)館内貸出タブレット	館内で貸し出すタブレット型端末
		2)タブレット型蔵書検索機	書架等に備えるタブレット型の蔵書検索機
		3)電子新聞	大型モニターで新聞を読む装置
		4)デジタルサイネージ	各種情報を提示するモニター
知識・情報の理解促進 のためのデバイス		1)オンラインデータベース	
		2)デジタルアーカイブス	
		3)インタラクティブ 　プロジェクション	
		4)ビジネス支援	
自動化書庫			閉架書庫の出納を自動化する装置

ICタグ

2.ICT とそのスペースの計画

(1)IC タグ

ICタグは、図書館ICT化のコアになるテクノロジーである。最近の図書館では、かつてのバーコードに代わってICタグによって資料管理が行われる。現代の貸出返却の自動化や予約本サービスの自動化の装置はICタグを前提としている。

まずは、そのICタグがどういうものであるかを確認しておくことにする。

1)IC タグの特徴

ICタグは、メモリ機能をもち、各装置との間で無線による情報通信を行う。無線通信であることから、透過性・複数同時読取・データ書き換えなどの特徴をもつ。

この特徴を活かして、図書館の様々なサービスをセルフ化し、利用し易い図書館環境を提供しながら、利用者のプライバシーを強化することになる。また、業務の自動化によって、運営側にとってはルーティンワークが大幅に低減される。

2)IC タグの種類

ICタグは、LF帯、HF帯、UHF帯、2.54GHz帯などの種類があり、周波数帯によって特性が異なる。

図書館向けとしては、主にHF帯とUHF帯の2種類が使われるが、いずれも金属の影響を受けやすい。

① HF 帯 IC タグ

HF帯と呼ばれるICタグは、13.56MHzの周波数の電波を使用する。ISO/IEC15693-2,15693-3という通信規格に適応するものである。

反射・干渉、水分の影響を受けにくいなど扱いやすい反面、通信距離が短い。通信エリアは実質300 mm程度である。書き込み形式は図書館共通識別コードである。

② UHF 帯 IC タグ

UHF 帯 IC タグの使用帯域は 860 ～ 960MHz と
されている。各国によって使用帯域が異なり、日
本では 915-930MHz の周波数を使用する。通信規
格は ISO/IEC18000-6Type-C である。

通信距離が長いことが大きな利点で、3,000 ㎜程
度を通信エリアとすることができる。反面、反射・
干渉が起きやすく、水分の影響は避けられない。
書き込み形式は、国際標準規格 ISO/TS28560-4 で
ある。

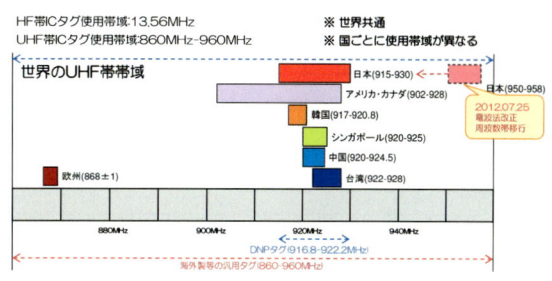

周波数帯別 IC タグの特徴

3)IC 機器

HF 帯 IC タグと UHF 帯 IC タグとでは、対応す
る機器も異なる。その違いは、共振・通信方式の
違いによるものである。両者の機器の仕組みの違
いを確認しておく。

① HF 帯対応 IC 機器

HF 帯は電磁誘導方式を採る。アンテナがつくる
磁界に入り込み、IC チップが作動する（交流磁界
エネルギーによる誘導結合で、IC チップ内の識別
子を副搬送波で送信）。通信距離が短いため、個体
認識に用いられることが多い。

HF 帯/UHF 帯 IC タグについて

② UHF 帯対応 IC 機器

UHF 帯は電波方式を採る。照射電波を受け、IC
チップが作動する（リーダからの照射電波でタグ
上の IC チップを駆動。IC チップ内の識別子を副
搬送波で送信）。通信距離が長いため、移動認識に
用いられることが多い。無線であることから、電
波法に基づく登録・免許の申請が必要であり、また、
電波使用料も発生する。

HF 帯と UHF 帯の IC タグと機器の比較を次頁
の表にまとめた。この比較表は、図書館流通セン
ター・IC 事業部から提供を受けた資料を基に編集
したものである。

IC タグの比較

		ＨＦ帯	ＵＨＦ帯
規格	周波数帯	13.56MHz	920MHz
	通信規格	ISO/IEC 15693-2, 15693-3	ISO/ICE 18000-TypeC
特徴		通信距離が短いため、個体識別に使われる	通信距離が長いため、移動識別に使われる
通信	共振 通信方式	電磁誘導方式 　リーダから発生する交流磁界エネルギーによる誘導結合 　ICチップ内の識別子を副搬送波で送信	電波方式 　リーダからの照射電波でタグ上のICチップを駆動 　ICチップ内の識別子を副搬送波で送信
	仕組み		
性能	通信距離	実質300mm程度	実質３m程度
	通信速度	実質10kbps以下	実質数十kbps
	タグサイズ	中	小
	積層性能	△（高出力リーダで補う）	○（ICタグの性能による）
特性	金属の影響	受ける	受ける
	水分の影響	受けにくい	受ける
	固有識別子	あり（UID：一意の識別子）	なし（TID：一意とはいえない）
書込データ形式		図書館共通識別コード	国際標準規格 ISOISO/TS 28560-4
タグのイメージ		 TRCCIC-IcodeSLIXB09　タグサイズ：65×35mm バーコードラベルの加工もできる	UL-28：細型　タグサイズ：5×98mm 両面テープタイプ UL-21　積層対応　タグサイズ：18mm×80mm 重なり合いも安定して読み取る

IC 機器の比較

		HF帯	UHF帯
特徴		通信距離が短いため、個体識別に使われる	通信距離が長いため、移動識別に使われる
仕組み			
通信特性		交流磁界による回り込み	照射電波による反射
卓上アンテナリーダ	機器例		
	周辺環境	磁界をつくるため、金属を排除するどなどの使用環境の設定をするか、もしくは使用環境に合わせたIC機器を選定する必要がある。	照射電波のため、使用環境をそれほど意識しなくてよい。
BDS	ゲート幅	最大1.0m	推奨幅：1.5〜2.0m
	サイズ	筐体としてのゲートが必要	必ずしもゲートを必要としない
蔵書点検	点検走査	背なぞり（密着）	背なぞり（非密着）
	機器例		
棚アンテナ			
申請		不要	登録・免許・移動の申請が必要 その際には、申請費用が発生する
電波使用料		不要	1台当たりで発生する

（2）貸出と返却

1）貸出と返却の自動化

　ICタグの普及によって、貸出・返却の自動化・セルフサービス化が加速した。貸出・返却の手続きがセルフサービス化されることで、利用者にとっては気軽に本を借りられ、ストレスなく返却することができる。自動販売機や自動改札機やコンビニエンスストアに慣れた利用者には、セルフサービス化はむしろ好都合といえる。

　運営側にとっては、ルーティンワークに割いていたマンパワーを低減でき、その分をインフォメーションやコンシェルジュ、レファレンスという専門性の高い業務に振り向けることができる。

2）貸出と返却の分離

　従来サービスデスクでの業務として、貸出と返却は一連のものと見られていた。

　それは利用者側の視点ではなく、運営者側の視点であった。なぜなら、ひとりの利用者が貸出と返却を同時には行うことはない。利用者は、来館し、借りていた本を返したしばらくの後、館内で本を見つけて借りるために貸出手続きを行う。つまり、利用者にとっての返却と貸出は連続する行為ではない。また、用語としても、「返却」（＝戻された状態）、「貸出」（＝貸し出す）というように、運営側の視点で規定されている。

　改めて考えてみれば、運営側にとっても返却と貸出は、必ずしも一連の業務作業ではなかった。貸出と返却を同じ場所で行った方が作業として都合がよく、利用者にもわかりやすかったということである。

　貸出・返却の自動化・セルフサービス化は、「貸出」機能と「返却」機能が完全に分離されることとなる。「貸出と返却」が利用者にとっての一連の行為ではないというだけでなく、また、運営者側にとっても異なる行為であることを明確にした。

（3）返却の自動化

　貸出は、自動化によって利用者個々の単純な手続きとして独立する。利用者からの返却はポストへ投入することとなる。利用者側からみれば、貸出・返却は簡便な手続きとなる。この貸出・返却の自動化・セルフサービス化が、図書館の導入部分の設え方を変えることになる。

　運営側はサービスデスク内でのルーティンな作業がなくなり、その役割はインフォメーションに変わる。サービスデスクに配置される人員は最小限でよくなり、サービスデスクは小型化し、占有するスペースも小さくなる。

　サービスカウンターの内側で行われていた返却の作業はバックヤードに移行し、しかも機械化される。「返却の自動化」が、図書館の入口廻りのレイアウトを誘導することになる。返却口がバックヤードに直結し、そこに装置とスペースが必要になるからである。

　多彩なICTの仕組みの中で建築計画に最も影響が大きいことから、「返却の自動化」から考察することにする。

1）返却処理作業の明確化

　公共図書館では長きに渡って貸出冊数が話題にされてきた。それは、図書館の利用状況を示すひとつの指標だからである。

　図書館の貸出冊数という数字は、それと同量の本がその図書館に返却されることを意味する。実際これまでも貸し出された本と同量の本を館内に戻すための返却処理をしてきた。しかしながら、返却本の量が顕在化することはなかった。少なくとも、建築計画において返却本に注目することはなかった。返却の自動化は、私たちをそこに注目させることになった。大量の本が戻り、そこで行われる「返却処理」という運営側の作業プロセスを明確にすることとなったのである。

2) 返却から提供までの流れ

返却された本は、バックヤードにおいて「モノとしての移動」と「貸出状態から在館へのデータ変換の処理」という作業が同時になされる。

ルーティンな作業であるが、サービス対象の人口規模や施設の規模に比例して、1日当たりの返却冊数は増加する。大量に返却される本を効率的に処理できるようにスペースを構成することが課題となる。返却処理のためのスペースを考察する前に、返却された本が再び利用者に提供されるまでのバックヤードでの流れを確認することにする。

A. 返却

利用者は、借りた本を返却口に投入することで返却手続きが完了する。

B. 返却処理

①仮返却

返却口内側に設ける IC アンテナが返却本のデータを読み取り、貸し出された本が図書館に戻ったことを記録する

②仕分け

仮返却された本を返却処理後の扱い別に、機械的にもしくは人為的に仕分けする。

③本返却

仮返却の後仕分けされた本は、本返却（貸出履歴消去および館内所蔵状態表示）に移る。

C. 搬送

本返却された本は、ブックトラックに載せられ、再び利用者に提供する場所に移させる。

D. 提供

予約資料は「予約本コーナー」や「SFP」へ、一般返却資料は「当日返却本コーナー」に移され、利用者に提供できるようにする。

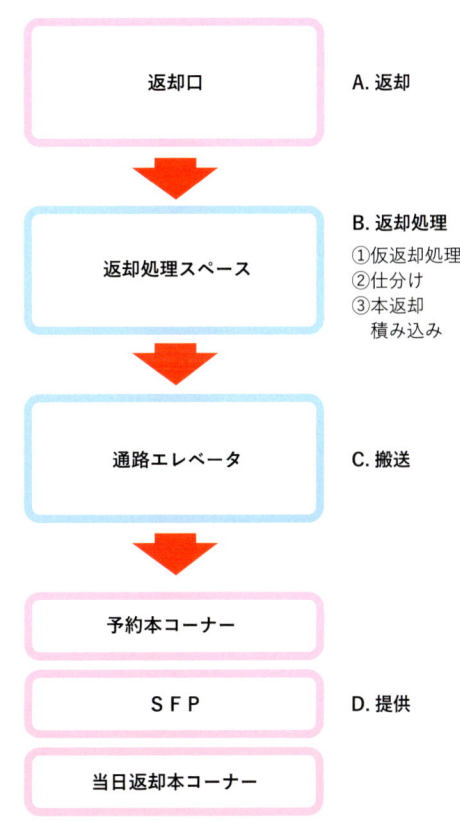

返却から提供までのフロー

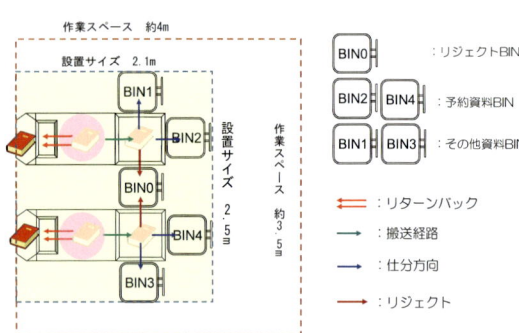

作業スペース　約4m
設置サイズ　2.1m
設置サイズ　2.5ヨ
作業スペース　約3.5ヨ

BIN0 ：リジェクトBIN

BIN2 BIN4 ：予約資料BIN

BIN1 BIN3 ：その他資料BIN

⇔ ：リターンバック
→ ：搬送経路
→ ：仕分方向
→ ：リジェクト

自動仕分機設置案（2投入口）

3）返却処理スペースの計画

　ここでは、返却口に返却された本が再び利用者に提供されるまでの一連の作業過程において、各作業工程で必要とする機器と、それらを活用した個々のスペースを確認する。そのうえで、それらが一連のプロセスとして有効性を発揮できる空間構成について考えることにする。

A．返却処理スペースの明確化

　返却された本はできるだけ早期に再び利用者に提供されることが望ましい。効率的な返却処理を可能にする作業環境が求められる。

B．返却処理スペースの位置づけ

　図書館のバックヤードには、新着資料の受け入れ、分館・本館・学校図書館への配送、相互貸借などの様々な業務作業がある。事務スペースと作業スペースは区分して考えたい。

　「返却処理」は毎日絶え間なく行われる作業である。そのため、他の作業スペースとは区分して、「返却処理スペース」を設定することが望ましい。

C．返却処理スペースの計画上の要点

　返却処理スペースでは、前掲の「①仮返却〜②仕分け〜③本返却」を処理するオペレーションの肝になるスペースであることから、最適な広さ（狭ければ効率が悪くなり、広すぎればロスが発生する）を確保することが重要である。また、単位時間当たりの返却処理能力に合わせて、搬送するブックトラックが必要となる。必要な台数のブックトラックが滞留できるスペースを加えて、「返却処理スペース」と考えたい。

　さらに、この返却処理スペースから再排架までの動線を含めて、返却された本を再度利用者に提供するまでの一連の作業が効率よく行えるように、スペース相互の関係づけることが重要である。

D．返却口の計画

　自動返却は、利用者の返却手続きを簡便にし、運営作業の効率化を図る仕組みである。その利便性・効率性を高めるために、返却口をどこに設けるかが建築計画上の重要なポイントである。

①返却口の位置

　返却口は館内への入口近くに設ける。本を返却するためだけに訪れる利用者にとって便利であるし、返却した後に館内を利用する場合も早期に身軽になるからである。BDS の誤作動等を回避するために、BDS 外側に設けることが望ましい。

②返却口設定の要件

　作業効率とスペース効率の観点からは、利用者側の返却口がバックヤードの返却処理スペースに直結していることが重要である。返却本の移動距離を最短にすることが運営側の作業量が低減する。

　バックヤード側の返却処理の効率を考えれば、夜間・休日のための返却口も開館時間内の返却口の近傍にあることが望ましい。開館時間内の返却口は入口内側、夜間・休日のための返却口は入口外側とするレイアウトである。

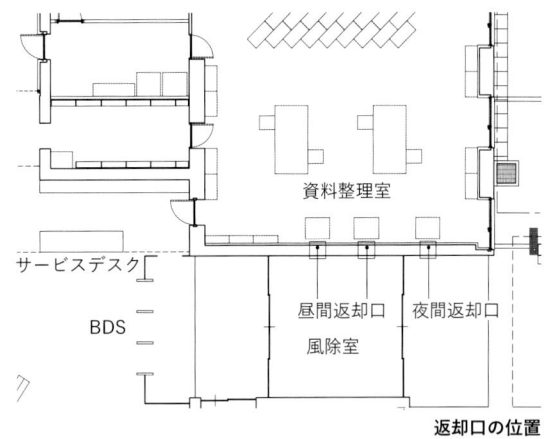

返却口の位置

③これからの返却口設定

　従来の休日・夜間用のブックポストは外部に向けて直接口を設けているため、火気や飲料水などが投入されたり、人気のない夜間の利用の際の危険性も否定はできない。返却口は開館時用と休日・夜間用を同じ場所とすれば、防犯安全性とスペースの合理性を両立できる。

　具体的には、風除室内に設け、返却口を一本化することである。夜間・休日には利用者カードをID として開錠することにすれば、防犯安全性も高くなり、また、休日・夜間用の口が不要になり、バックヤード側のスペースと設備も効率化できる。

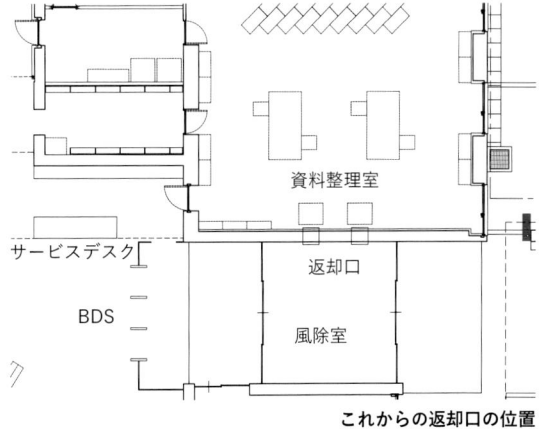

これからの返却口の位置

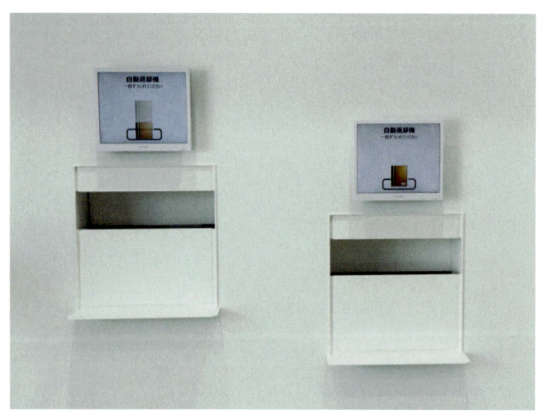

返却口（安城市 アンフォーレ）

④返却口の位置設定の留意点

　建築計画上、利用者スペースと管理スペースは明確に区画することが望ましい。そのため、返却口を設ける壁は防火区画とするのに都合がよいことが多い。

　しかしながら、返却口を設ける壁面を防火区画とすることは避けたい。返却口裏側の装置が防火設備と干渉することが明らかだからである。止むを得ず防火区画とする場合には、防火設備とバックヤード側の装置が干渉しないように注意深く計画する必要がある。

⑤返却口の設計

・返却口の数

　子どもたちが自ら返却できるように、大人用と子ども用と口の高さが異なる2口を用意することが好ましい。

・返却口の寸法

　返却口の大きさは、幅400 mm程度、高さ40 mm程度がよいと考えている。これ以上小さくすると本が入れにくくなり、これ以上大きいと複数の本を同時に投入して本を傷める可能性が高くなる。

・返却口の仕様

　室内に設置することを前提にすれば、返却口の防水・防虫等に配慮する必要はない。極端にいえば、穿たれた口をふさぐ必要もない。

・その他

　自動返却装置は、従来のカウンターに返却装置を設置する方法もある。

E．仮返却装置の設定

返却口に投入された資料は、返却口内側に設ける IC アンテナによってデータを読み取られ、図書館に戻ったことを記録する。

仮返却のスペースは嵩張るものではなく、建築計画上は返却口と一体であるが、仮返却というプロセスがあり、そのための機器が必要となることを承知しておきたい。仮返却の IC アンテナは返却口の壁の内側、もしくは壁の厚み（見込み）の中に設ける。返却口開口部の内側下部に設ける滑り台上の板の内側にアンテナを設置する。

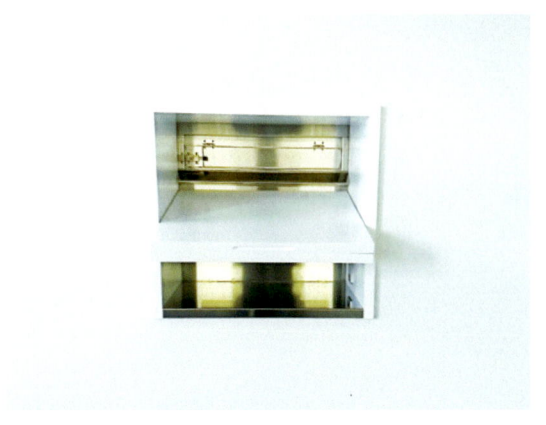

返却口の裏側（野々市市 カレード）

①必要な機器

・リーダライタ＋アンテナ
・制御用コンピュータ

②スペースの形成と設備の留意点

・現状では IC アンテナの感知範囲内に金属部品の存在は好ましくない。そのため、開口部まわりは合板等金属質の材料を用いて仕上げる。
・開口部下部に IC 機器（リーダライタ＋アンテナ）を納め、開口部上部に制御するコンピュータを置く場所（棚）を設ける。
・開口部 1 口に対して、電源 2 口（IC リーダライタ用・コンピュータ用）、LAN アウトレット 1 口を用意する。

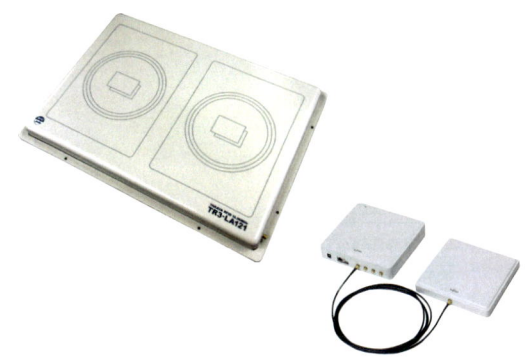

アンテナ＋リーダライタ

F．返却口と他のスペースとの関係

返却口を利用者入口近くに設け、壁を隔てた裏側を返却処理スペースとすることが、建築計画上の押えどころである。

返却処理スペースは、他の作業スペースとの連携も重要である。規模の小さな図書館であれば、他の作業スペースと連続させ、規模の大きな図書館であれば、近傍に他の作業スペースと連続する動線を用意することが重要である。

G．仕分け

　返却口に投入された本は、同時に仮返却され、バックヤード側にストックされる。小さな図書館であれば、返却本をキャスター付のボックスで受け止め、本返却の際に仕分けることで間に合う。規模が大きくなると、返却本の中にICタグのない本なども混じることから、本返却前に仕分けした方が効率的である。

①自動仕分け機

　仕分けも自動化することによって、作業効率は高まる。仮返却された本は、本返却に移る前に仕分けをする。本返却後の搬送先の違いから、少なくとも以下の3種類に仕分けする。
a. 一般返却本（BIN1・3）
b. 予約が入っている本（BIN2・4）
c. タグのない本もしくは他館からの本（BIN0）
　図書館の規模が大きくなれば、返却される本の量が多くなり、さらに仕分けを細分化する必要が生じる。当然のことながら、仕分けを細分化すれば仕分け機の台数が多くなり、占有するスペースも広くなる。
　仕分けの種類にともなって設置されるカートの台数、ラインの長さが異なり、必要なスペースに影響を及ぼす。そのため、計画の初期段階から運営者側とどこまで仕分けを行うかを協議し、スペースと作業効率の妥協点を探っていく必要がある。

②必要な機器
・仕分け装置
　図書館規模が大きくなれば、仕分ける数が増え、その分のスペースが必要になる

③スペースの形成と設備の留意点
・仕分け機の設置スペースを確保する
・仕分け装置用電源・LANを用意する

自動仕分機（岡崎市 りぶら）

4) 本返却

　仮返却の後仕分けされた本は、1冊ごとに人の手によって在留物や破損がないことを確認する。そのうえで、作業台に設けるIC機器（リーダライタ＋アンテナ）によって本返却（貸出履歴消去および館内所蔵状態表示）に移る。そして、本返却された本は提供する場所にブックトラックで搬送する。

　ここでは、本返却のための作業、そのために必要な什器と装置、その後の搬送のためのスペースを考察する。

A．本返却のためのスペース
①作業台

　仕分け装置から連続する位置に、作業台を用意する。仕分け機によって仕分けされることから、仕分けの種類別に作業台があることが望ましい。作業台机上面にアンテナを設け、卓上に確認用コンピュータを設置する。処理前後の本を載せることから、作業台はW 1,200 mm×L 1,800～2,400 mm程度となる。台数は、仕分けの数、単位時間当たりに処理する冊数に応じて検討する。

　作業台毎に、電源とLAN（コンピュータ用・リーダライター用）のアウトレットを用意する。

②必要な機器
・リーダライタ（作業台内に設ける）
・コンピュータ

B．作業台周囲のスペース

　作業台の周囲には、ブックトラックを停留させ、効率よく本を載せるためのスペースを確保する。さらに、その周囲にブックトラックが通行できるスペースを設ける。

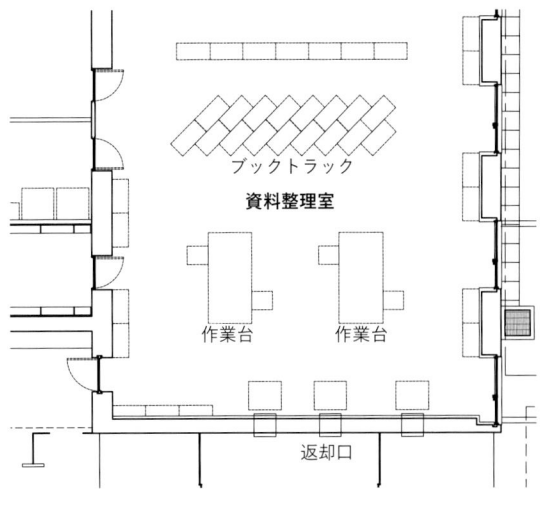

作業スペースのレイアウト

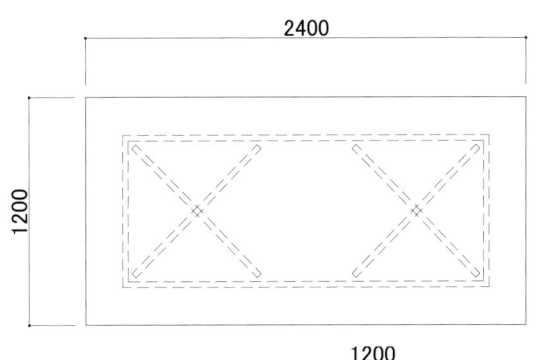

作業台図面

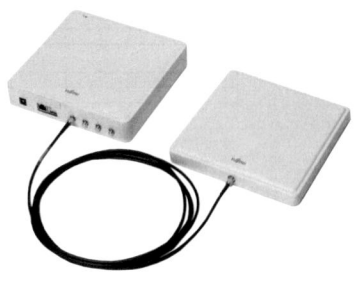

アンテナ＋リーダライタ

(4) 搬送経路の計画

開架の予約本コーナー・開架スペースへ資料を搬送するために、ブックトラックがスムーズに移動できる動線を確保する。開架スペースが返却処理スペースと異なる階にある場合には、返却処理スペース近傍に搬送用エレベータを用意する。

1) ブックトラック

ブックトラックは、積載能力とともに可動性を念頭において選択すべきである。一般的なブックトラックのサイズは、幅 450 mm×長さ 750 mm程度で、形状的な特性から長手方法に押すように移動させる。タイヤの径が大きい方が移動させやすい。

その場で回転できるなどの操作性を考慮した左のようなブックトラックもある。

ブックトラック

2) 搬送通路

ブックトラックに本を満載し、女性が搬送することも多いことから、動線はできるだけ直線的に設定することが望ましい。その搬送経路幅員は、ブックトラックのすれ違いも考慮して有効 1,200 mm以上確保したい。また、開口部がある場合には 900 mm程度の幅を確保したい。

3) エレベータ

ブックトラック 1 台と人間 1 人が乗ると考えれば、一般用エレベータで十分である。6 人用 (かご内寸法 W1400 mm× D850 mm) でも足りるが、9 人用（W1400 mm× D1100 mm）であれば余裕が生まれる。規模の大きな図書館であれば、11 人用（W1400 mm× D1350 mm）以上の車椅子仕様 (扉幅 900 mm) として、ブックトラック 2 台と人間 2 人が乗れるようにしたい。

（5）予約本のためのスペースの計画

　予約資料のうち開館時間内に借出しを希望された資料は「予約本コーナー」へ、開館時間外の借出しを希望された資料は「SFP（自動書籍ピッキング装置）」に移される。ともに返却処理スペースと隣接させ、「予約本コーナー」は開架スペースに、「SFP」は外部側に設ける。

1）予約本コーナー

　事前に予約された資料を利用者がセルフサービスで受け取ることができる。予約本が用意されると予約者にメール等で通知されるなどのサービスも容易に付加できる。

　予約本コーナーの収容冊数の設定にあたっては、利用動向を考慮して慎重に検討する必要がある。また、予約本はその便利さから開館後増加する方向にあるので、増設を見込んでおくことが望ましい。

　書架には棚アンテナを備え、検索用コンピュータを近傍に用意する。位置はサービスデスクに近くに設けることが望ましい。

予約本コーナー

①必要な機器

・棚アンテナ
・検索用コンピュータ
・自動貸出機
・BDS

②スペースの形成と設備の留意点

　書架棚板にアンテナ装置を設ける。書架の入隅部はアンテナの相互干渉を避けるために離隔する必要がある。

棚アンテナ

自動書籍ピッキング装置

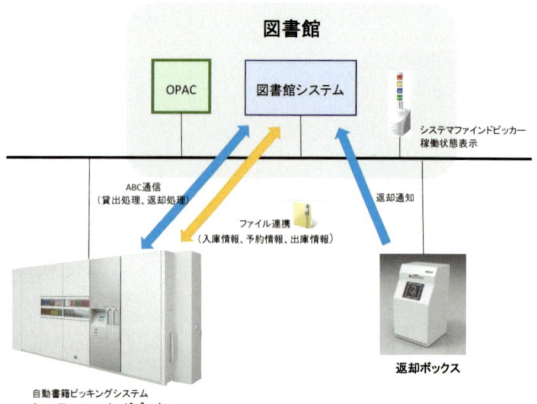

書籍の情報管理システム

2) 自動書籍ピッキング装置
（SFP：システマファインドピッカー）

利用者カードで書籍を自動取り出しできる「朝でも夜でも開いている小さな図書館」として開発された。

開館時間内に図書館を利用できなかった人も貸出、返却ができる。書籍の返却についてもボックスに投入するだけで返却履歴が確認される。また、新しい書籍の予約も可能である。

コンパクトで設置場所を選ばないことから、駅や行政窓口などに設置することもでき、図書館まで足を延ばす事なく通勤、通学途中などに利用できる可能性をもつ。

（6）当日返却本コーナー

「当日返却本」すなわちその日に却ってきた本の中には貸出頻度が高い、人気の高い本が多く、かなりの割合で返却された日に再度貸し出される。当日返却本コーナーで借りられずに残された本のみを開架の書架に戻すことになる。

利用者にとっては、人気のある本や話題の本を借りやすく、運営者にとっては再排架する本を減少させ、作業効率を高めることとなる。

「当日返却本コーナー」は開架スペースに設ける。入口に近く、なおかつ、サービスデスクやインフォメーションデスクに近く、利用者の目につきやすい場所が望ましい。

返却された本が「返却処理スペース」から開架スペース「当日返却本コーナー」に速やかに並べられるようにしたい。そのための建築計画上の要点は、資料を速やかに移動させるために、ブックトラックでスムーズに搬送できる、合理的な動線を確保することである。

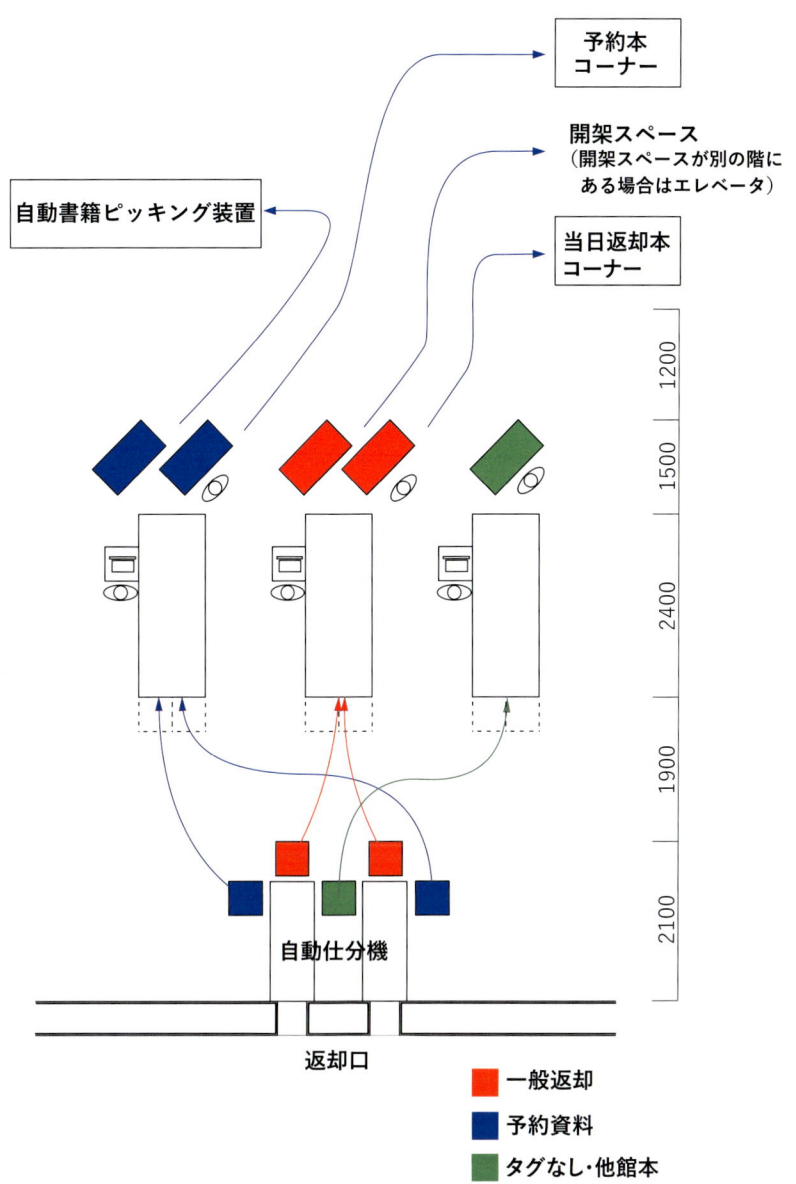

予約本
コーナー

開架スペース
（開架スペースが別の階に
ある場合はエレベータ）

当日返却本
コーナー

自動書籍ピッキング装置

1200

1500

2400

1900

2100

自動仕分機

返却口

■ 一般返却

■ 予約資料

■ タグなし・他館本

返却から提供までのフロー図

サービスデスク（安城市 アンフォーレ）

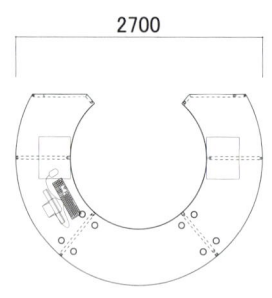

2700

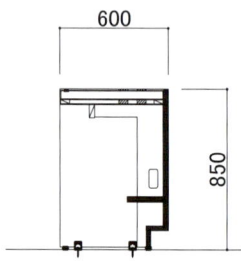

600

850

サービスデスク図面

(7) サービスデスクとレファレンスデスクまわりの
　スペース計画

　現在は未だ、貸出・返却の自動化への移行は完全ではない。若干なりともカウンターに返却してほしい資料や従来のやり方に馴染んだ利用者に対する人的対応を考慮しておく必要がある。

1) サービスデスクまわりの計画
A．サービスデスクの計画・設計

　かつては館外への貸出手続きと返却手続きのデスクであったが、インフォメーションと館内利用タブレット等の貸し出しのためのサービスステーションに役割に変化している。

　建築計画上の要点は、入口に近く、かつ BDS に近い位置に設けることである。また、設計においては、図書館員が座って応対するか、立って応対するかで高さが異なることに注意したい。

　そもそも利用者は立ったままのであるから、図書館員も立って応対すべきであると考える。子どもから高齢者まで、また車イスの利用者への対応を考えると、デスクの高さは 800 mm程度が妥当である。奥行きは 600 mm程度、幅は 2,700 mm程度（最小 1,800 mm程度）である。

　貸出・返却のための装置は、自動貸出機で対応できない場合や利用者をサポートするために設けることから、あくまで 1 セット用意できればよい。また、検索のためのコンピュータはラップトップ型で対応することがスマートで、主流になりつつある。

　デスクの中には貸出・返却の読取のためのコンピュータを収納し、テーブルトップに IC 機器（リーダライタ＋アンテナ）、バーコードリーダー、レシートプリンターなどを備える。

B．サービスデスクまわりの計画

　今やサービスデスクは、背後に返却本を集積する必要はなく、図書館員の居場所となる。

　また、タブレット等館内貸出のための機器を格納するスペースと制御のデバイスが必要となるが、これらは背面に棚を設けることがよい。

①サービスデスク内の機器
・IC 機器（アンテナ＋リーダライタ）
・コンピュータ
・バーコードリーダ
・レシートプリンター
・レーザープリンター

レファレンスデスク（**野々市市 カレード**）

②デスク廻りの機器
・タブレット充電装置
・データ処理用コンピュータ

2) レファレンスデスクまわりの計画・設計

　レファレンスは、図書館員が利用者に丁寧に対応するために、座って応談する設えとする。

　そのため、デスクの高さは 700 〜 720 ㎜にする。一人の図書館員がふたり連れに応対する程度の状態を想定すれば、デスクの幅と奥行きは 2,400 ㎜ × 750 ㎜程度が基本となる。この場合、車椅子の利用者に配慮しておく必要性は従来からいわれている。

　デスク上には、回転可能なモニターをもつデスクトップか少し大きめのモニターをもつラップトップコンピュータが想定される。データの出力に備えて、カウンター内にはプリンターを設ける。

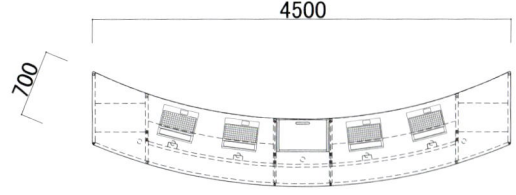

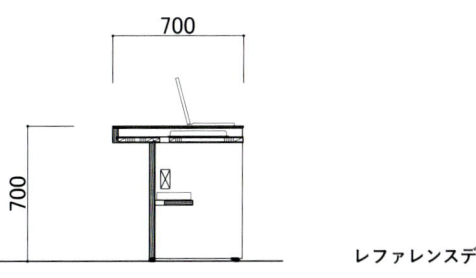

レファレンスデスク図面

①レファレンスデスク内の機器
・コンピュータ
・レーザープリンター

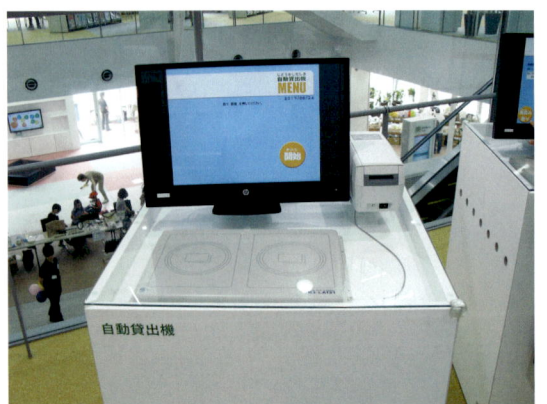

自動貸出機（安城市 アンフォーレ）

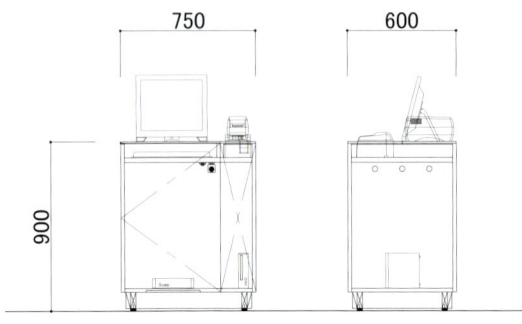

750　　　　600

900

自動貸出機図面

(8) 貸出の自動化

　自動貸出機は、図書館内の資料を館外へ持ち出すための手続きを利用者がセルフサービスで行うための装置である。

　利用者は必要とする本を迅速に借りることができ、運営側は単純作業である人手による貸出作業を省略することができる。

1) 自動貸出機

　自動貸出機は、BDS の内側として、各階および館内の出口に近い位置、ないしは利用者が館外へ向かう出口の動線上の適切な位置を設定する。

①必要な機器

　貸出装置を構成するタッチパネル式モニター、コンピュータ本体、IC 機器（リーダライタ＋アンテナ）、バーコードリーダー、レシートプリンターなどがある。これらの機器を効率よく 1 台の家具に納める。

②必要な設備

　自動貸出機の設置位置に併せて電源と LAN のアウトレットを用意する。

③既製品の自動貸出機

　これらの機器をパッケージして既製品化された筐体もある。スタイリッシュではあるが、機器の更新の際には筐体ごと更新することになる。割り切りはよいが不経済である。

　余談ではあるが、公共図書館の IC タグ対応自動貸出機は千葉県富里市立図書館が最初である。その筐体は私がデザインした。結城市民情報センターには、富里のモデルをリファインして導入した。

自動貸出機（結城市民情報センター）　自動貸出機（既製品）

2)BDS とその周囲

　自動貸出と BDS との連動性はないが、自動貸出は BDS を前提に成立することから、ここで考察する。

A．BDS(ブックディテクションシステム)

　文字通り、図書館の資料が不正に館外へ持ち出されることを防止し、資料の紛失を抑制するための装置である。貸出手続きをしていない資料をもって通過すると、それを感知して警報が出る。

　公共図書館では一般にゲート状の装置を用いる。最近では物販店などでも、会計前の商品が店外持ち出されることを防止するために類似のゲートが設けられている。

　以前はかなり厳めしい容姿であったが、最近では透明薄型の機器なども開発され、随分とスマートになっている。

BDS（安城市　アンフォーレ）

B．BDS の位置の計画

　BDS は、出口に近い位置に設ける。警告音を確認した図書館員がすぐに対応できるように、インフォメーションカウンターやサービスカウンターなどを近い位置に設ける。インフォメーションカウンターが BDS の外側にあるほうが、警報に対して図書館員が対応しやすい。

　また、入口で BDS ゲートを通過する必用がなくなり、フレンドリーな雰囲気ができる。しかしながら、スペースを必要とするため、小規模図書館では採用しにくい。

　BDS はゲート装置のみで効力を発揮するわけではなく、制御・監視するためのコンピュータが必要となる。このコンピュータは近傍のカウンター内側か事務作業室内に設置する。

蔵書検索装置（OPAC、安城市　アンフォーレ）

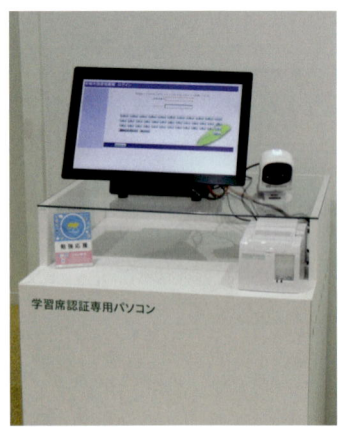
座席予約システム

読書通帳機　（安城市　アンフォーレ）

3) 導入部分の機器

出口は入口に近いことから、入口付近の機器についても併せて考察する。これらの家具は、互換性を持たせると融通を効かせやすい。

A．蔵書検索装置（OPAC）

利用者に供されるオンライン蔵書目録で、OPAC（Online Public Access Catalog：オパックまたはオーパック）と呼ばれる。インターネットからアクセス・利用できる OPAC を特にウェブ OPAC、インターネット OPAC などと呼ぶ。館内機器はタッチパネル式が用いられることが多い。

検索した資料が在架しているかどうか、どの場所にあるかというおおよその位置をフロアマップで表示することも可能である。また、資料の所在をレシートプリンターに印刷できるようにしている図書館もある。

B．座席・施設予約システム

館内端末やインターネットから館内の閲覧席・学習席利用を予約する。夏休みなど混雑するときでも、確実に閲覧席を確保できる。

操作には利用者のバーコードを用いる。セルフサービスの端末によって利用者自身がバーコードをスキャンして、座席確保を行う例もある。また、使用時間の制限を設定している例もある。

C．読書通帳機

各人の読書記録を電子化し摘録する。読書への関心を高める効果がある。

図書館は「利用者個々の貸出履歴は保持しない」という原則に立ち、利用者自身の操作によって任意に記録するということを大前提とする。

(9) 利便性・快適性のためのデバイス

1) タブレット館内貸出

手軽にインターネット検索ができるよう iPad 等のタブレットを館内貸出する。場所を限定されることなく、文献資料の閲覧とネット上の情報を同時に調べることができる。

近々には d マガジン等のアプリによって雑誌の閲覧も可能になる。通常サービスカウンターで貸し出すことが多い。そのため、カウンター内には充電のためのドックと利用履歴消去用のコンピュータが必要となる。

館内貸出タブレットの d マガジン画像

（画像提供：Ｎ Ｔ Ｔ docomo）

タブレットを館内貸し出しする場合には、充電をどのように行うかが重要な課題となる。利用者側の立場に立てば、当然充電されているものと思って借り受ける。したがって、返却されて次に貸し出すまでに充電しておくために、格納と同時に充電できる設備を備える必要がある。

館内貸出用タブレットは、見えないところに格納するのではなく、利用者から見えるようにして、存在をアピールすることも重要なサービスである。望ましいのは、サービスカウンター背面に棚を設けてドッグを設置することである。

それらのための棚の寸法は、床から 900 mm程度の高さに、W1,800 mm× D300 mm程度である。そこに充電用・コンピュータ用電源と LAN のアウトレット・初期化用 PC を用意する。

2) タブレット型検索機

OPAC データをタブレット型端末で検索可能にしたものである。通常のタッチパネルモニターよりも小型でコンピュータ本体を必要としないため、書架に配置できるなど設置の自由度が高い。

書架に電源を用意しておく必要がある。

電子新聞（野々市市 カレード）
（提供：産経デジタル　平成 29 年 11 月 14 日付紙面）

デジタルサイネージ（安城市 アンフォーレ）

3）電子新聞

　新聞各社の電子版（紙面ビューワ）を、タッチパネル式大型モニターを用いて全紙サイズで閲覧できる。画面を拡大させることで、拡大鏡を用いることなく、また、新聞数紙をスピーディかつ快適に新聞を閲覧できる。

　モニターサイズ、筐体とも大型となるため、車椅子利用者を想定した高さの配慮が必要である。最近では、利用者をセンサーが感知して上下し、自動的に高さを最適化するものもある。

4）デジタルサイネージ

　フロアマップをはじめとし、イベント情報、交通情報、天気予報などを表示できる。従来の紙を掲示する場合と比較して、運営者側に若干の操作スキルを必要とするが、更新が容易であるという大きな利点がある。

　デジタルデータであることから、施設情報や座席管理システムとの連携によって表示内容を自動更新したり、簡単にウェブサイトと同じ内容を表示することができる。

　また、災害時には、自動的に切り替わり、災害情報や避難情報を提供することができる。

　最近では自動販売機一体型のサイネージもあり、民間業者に広告として貸し出す事例も出始まり、今後の利用が見込まれる。

（10）知識・情報の理解の促進

1）オンラインデータベース

　有料データベースにアクセスできる端末で、プリントサービスも可能である。

　データベース自体が有料であるため、その利用者のみが使用する専用席を設けている事例が多い。IDとパスワードによるログイン方式を採る場合には、コンピュータ閲覧席と兼ねることもできる。

2）デジタルアーカイブス

　放送局等のメディアが所蔵するその地区・地域に関する映像・画像等のコンテンツをデジタル化して閲覧可能なシステムを構築し、郷土資料として提供する。市民が所蔵する画像等もコンテンツに組み入れることができる。

　古文書等の貴重資料はデジタル化し、レプリカを作成して公開することが望ましい。館内閲覧のみのコンテンツと、インターネットで公開するコンテンツを分けることもできる。また、当該図書館独自のシステムを構築する方法だけでなく、クラウドサービスによる公開方法も一般化している。

3）インタラクティブプロジェクション

　天井にプロジェクターを設け、床面に子ども向けコンテンツ等を投影する。赤外線センターによって、子どもたちが画像に触れると反応して画像が変化する。子どもたちが身体を動かしながら楽しく学ぶ知育装置としての活用が見込まれる。

4）ビジネス支援

　パソコンの操作方法を教えたり、貸し出すことに留まらず、パソコンを活用した調べ方を支援するなど、本格的なビジネスや起業を支援することも図書館の役割である。最新のパソコンを備えて、場合によっては使用料を徴収して、ビジネス向けのコンピュータ利用を促すことが望ましい。

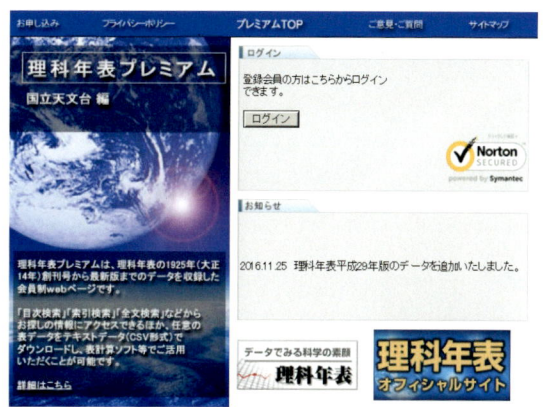

オンラインデータベース

デジタルアーカイブス

インタラクティブプロジェクション

自動化書庫（結城市民情報センター）

(11) 自動化書庫

　図書館 ICT のなかで最も導入効果が高く、その反面最も大掛かりで、最も初期投資の大きくなるものが、自動化書庫である。

1) 自動化書庫の利点

　自動架書庫を導入する利点は、大きくは「出納の迅速化」「省人力化」「省スペース化」の 3 点が挙げられる。

①出納の迅速化

　出納を自動化することで、閉架書庫の資料の提供を大幅に迅速化できることが最大の利点である。

②省人力化

　初期投資は大きいが、出納に要する人員が低減される。初期投資と人件費と比較すれば、長期的には逆転できる。

③省スペース化

　単位面積当たりの蔵書収容冊数を大きくできることも大きな利点である。

　都市部における比較的規模が大きく（蔵書量が大きい）、地価の高い場所に計画する図書館では有効な手段である。自動化書庫の採用の分岐となるのは、おおむね収容冊数 10 万冊あたりである。

2) 自動化書庫の構成

　極めて概括的にいえば、自動化書庫は書庫、搬送路、出納口からなる。書庫は、両側にラックを積上げ収納し、中央部に搬送経路をピッカーが動き、パレットの資料を出納する。搬送路は主として上下階を移動する昇降装置である。出納口は昇降装置とほぼ直結して、各階に設ける。

3) 建築計画上の留意点

建物が複数階で構成されることを前提に考えれば、書庫、搬送路、出納口が縦方向に積上げるようにすることが、建築計画上合理的である。

計画上の要点としては、以下のようなことが挙げられる。

①書庫

積載荷重は $2 \sim 3 \, t/m^2$ を見込む必要がある。また、初期投資の低減と書庫の占有面積を抑えるうえでは、書庫の走行レーンを1レーンとすることが重要である。1レーン当たりの幅は5m以下となる。高さは最大10mまで可能であることから、高さ方向で容量を確保するようにすると、単位面積当たりの蔵書量を稼ぐことができ合理的である。

その一方で、集密書架を用いた閉架書庫と比較して単位面積当たりの積載荷重は飛躍的に増大し構造計画に大きな影響を及ぼすことから、建築計画の初期段階で導入するか否かを明らかにしておきたい。

②縦搬送路

縦搬送路は、エレベータと同様に上下階を垂直に移動することから、各階同じ位置に設ける必要がある。

③出納口

出納口は、各階のサービスデスクかサービスデスク背後の作業スペースに近接することが望ましい。利用者のオーダーに対して、対応しやすいからである。

また、建築計画の合理性の観点からは、出納口は縦搬送路と隣接していることが望ましい。各階での横搬送をなくすことで、イニシャルコストを抑制し、トラブルの要因を減らすことができる。

(12) 図書館 ICT の全体像

　ここまで、ICT の導入に際しての個別のスペースの計画を考察してきた。しかし、図書館がシステムとして稼働しているように、それぞれのデバイスが個別に動いているわけではなく、相互に関連し合っている。そこでの人的な関わりが図書館運営の作業量になる。その作業の量と関係性が施設計画に影響を与えることになる。

　図書館を運営する人たちは、図書館の ICT のアイテムとその特徴を承知して導入する。しかしながら、個別のシステムがどのように相互に関係し合っているのかを必ずしも正確に把握しているわけではない。まして、建築の設計者は図書館運営者ほどに熟知はしていない。

　誤解を恐れずにいえば、図書館を運営する側も建築を設計する側も、図書館 ICT について何となくイメージとしている。更にいえば、その全体像となると一層ぼんやりしてくる。けれども、少し掘り下げてみると、個々のシステム同士の関連性の強弱が大きく、また、調達先も異なり、必ずしも建築計画のような系統性や一貫性を描いたうえでのものではない。

　そのようなことから、建築計画の観点で図書館 ICT の全体像を俯瞰することを試みようと考えた。次頁で本の流れを中心とした図書館 ICT の全体像を描いてみることにする。

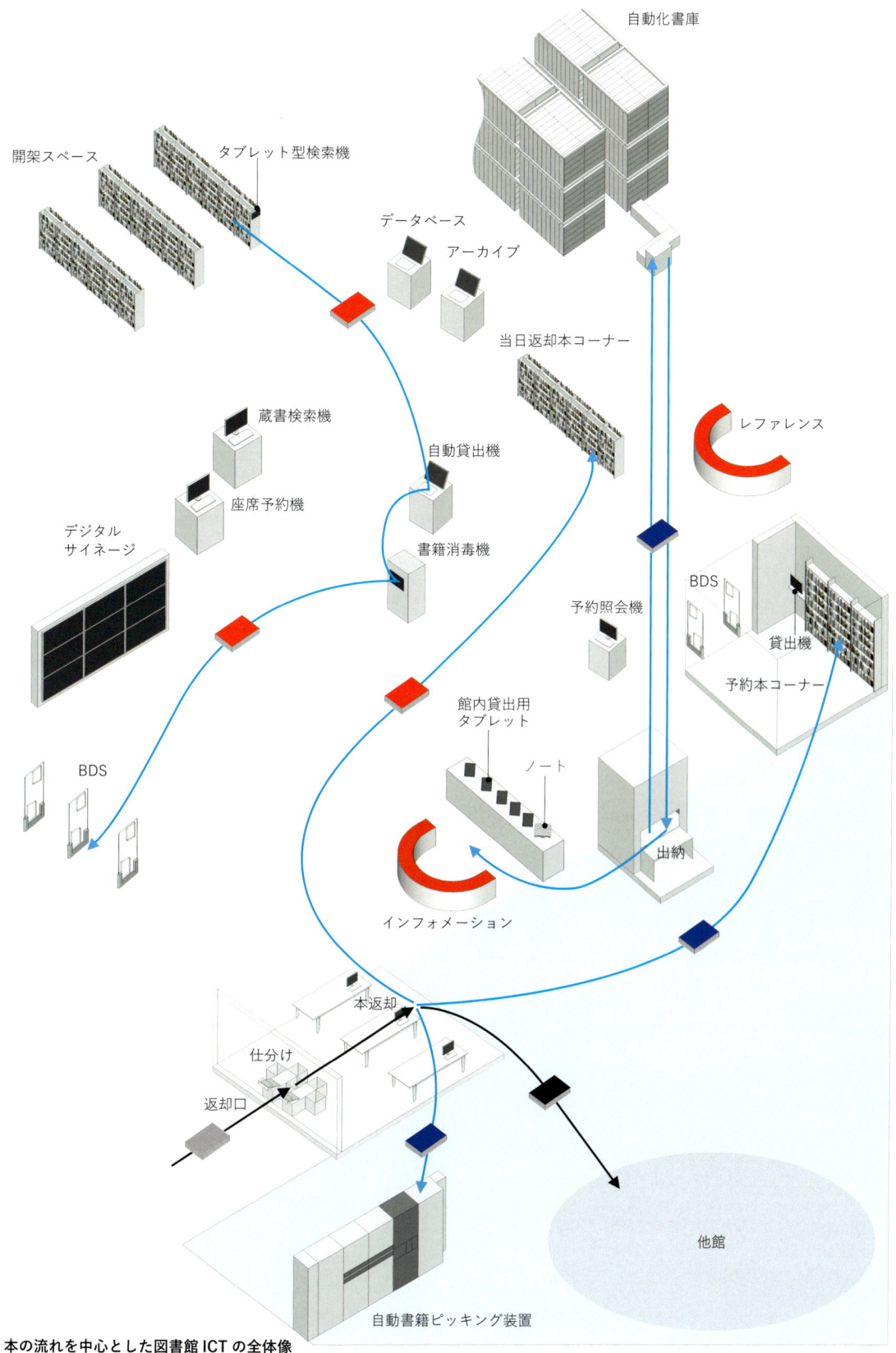

自動化書庫

開架スペース　　タブレット型検索機

データベース

アーカイブ

当日返却本コーナー

レファレンス

蔵書検索機

自動貸出機

座席予約機

デジタル
サイネージ

書籍消毒機

BDS

予約照会機

BDS

貸出機

予約本コーナー

館内貸出用
タブレット

ノート

インフォメーション

出納

本返却

仕分け

返却口

他館

自動書籍ピッキング装置

本の流れを中心とした図書館 ICT の全体像

3.ICT に対応するインフラの整備

(1) 電源と LAN

如何に優れた電子デバイスでも電力がなければ稼働しない。しかも、電力は未だ有線でしか供給されない。したがって必要な場所に必要な電源が必要となる。また、通信経路が確保されなければ情報は伝達されず、システムとして一貫しない。安全性・安定性を考えれば、LAN も有線である。

図書館の ICT 導入における建築設計上の原始的な要点は、適所に適切な数の電源と LAN のアウトレットを用意することである。ICT 装置を設置する側からすれば、それらが整っていることは大前提だからである。

そのために、機器の位置と台数、付属する機器を正確に把握し、それらを活用するための家具を設定する。そのうえで、電源・LAN のアウトレットの位置と数を設定する。

記述すれば以上のことであり、丁寧に拾い上げれば対処できるように思えるが、実践では少なからず齟齬を生じる可能性をもっている。齟齬を避けるためにも、建築設計者（主として意匠担当者と電気設備担当者）は前節の「ICT とそのスペースの計画」に示した機器の役割とそれぞれの機器に必要な電源・LAN の数をあらかじめ把握しておく必要がある。

これらのことがらを踏まえた上で、設計から工事に至るプロセスにおいて、機器の種類と数、電源・LAN のアウトレットの数を図書館運営者側および機器・システムの納入業者に複数回確認していくことが重要である。

1)OA フロアのメリット・デメリット

前述のような電源や LAN のアウトレットの位置の調整の融通性を考慮すると、開架スペース全域をフリーアクセスフロア（いわゆる OA フロア）にするという選択がある。OA フロアとすれば、建築計画段階から変更が生じた場合でも対応しやすいし、また、将来の位置の移動や増設などにも対応やすい。

一方で、OA フロアは、床仕上げにその面積分のコストが上乗せされることになる。書架が固定される今日の図書館では全域フリーアクセスフロアはややもったいない。コストパフォーマンスを評価軸として注意深く検討すべきことである。

また、OA フロアは独立書架やデジタルサイネージ等の自立する情報機器等の転倒を防止するために別の厄介さが発生する。自立するものを地震の際に転倒しないようにするためには、床スラブへの緊結が必要である。

私たちも過去には、開架スペースをフリーアクセスフロアとすることや、床下吹き出し空調とフリーアクセスフロアを兼ねた床をいくつかの図書館で実践してきた。しかし、床と床スラブの間に書架を緊結するための基礎を設ける必要が生じ、なおかつ書架を正確なレベルで設置するための金物が必要になるなど、解決すべき課題は少なくないのも事実である。

それらを総合した現実的な対応としては、次のように考えている。

・将来レイアウト変更が起こり得る事務・作業スペースは OA フロアとする。

・サービスデスクまわりや自動貸出機・OPAC のスペースなど ICT 機器が集中する場所は OA フロアとしておく（これらのスペースには、地震時の転倒防止策を講じる必要のある家具は必要ない）。

2) 書架や閲覧席の電源・LAN

　書架にタブレットやモニターを設ける事例が増えてきている。そのために、書架への電源供給に配慮しておく必要がある。また、閲覧席には持ち込みパソコン用の電源も要望されることになる。その対応としては、書架や閲覧席を縦断するように床下に配線ピット（電源・通信セパレート型）を設けることがよいと考える。

　そのうえで、単独で配置する機器については床埋め込み、壁付きのアウトレットを用意しておく。さらに、将来の可能性を含めて、予見できる範囲で予備のアウトレットを用意しておくことを考慮しておきたい。

(2)Wi-Fi 環境の整備

1) 業務用クローズド環境

　運営側でも固定化されないラップトップコンピュータが使われ、タブレット型の端末が活用されるようになってきている。また、タブレットの館内貸出も普及してきている。

　そうなると、無線通信環境が重要になる。そのために、業務用のクローズドの Wi-Fi 環境が必要となる。

2) 利用者用オープン環境

　利用者もパソコン、タブレット、スマートフォンなどを持ち込み、使用する。今日であれば、当然快適に稼働させるための Wi-Fi 環境が要求されることになる。そのために、業務用途とは異なるオープンタイプの Wi-Fi 環境をもう 1 系統用意することが望ましい。

3) 運用上の注意点

　情報のセキュリティを考えると、少なくとも業務用 Wi-Fi 環境においては、一般的な SSID およびパスワードによる認証のみだけではなく、端末固有の MAC アドレスでの認証も追加するなどの制限を行うべきである。

　また、タブレットやノートパソコンの館内貸出は、1 か所に固定されない可搬性が大きなメリットである一方で、端末自体の紛失、盗難、落下等によるデータの漏洩、損傷等のリスクがある。データ自体を端末には保持させずに常に中央サーバにのみに保持させることなどの考慮も必要である。

4. 建築計画・設計のプロセス

(1) 設計者側としての対応の考え方

1) ICT の特性

図書館開館の建設事業は、基本設計着手から完成までに短くても3年程度の時間を要することになる。その間にも ICT のシステムや機器類は確実に進化する。基本設計初期段階では実用化されていなものが、開館近くになると導入可能になることもあれば、あるいは別の装置や仕組みに代替されることもある。機器は開館時に最新のものを納入することが望ましい。そのため、設計段階で参照した資料とは異なる機器に置き換わる可能がある。これらのことは事前に承知しておく必要がある。

2) 建築的対応の実情

建築計画・設計の進捗と ICT の導入計画は同時進行しない。建築計画・設計段階で ICT のメニューは決まるとしても、詳細までは決まらない。施工が進行していても、新たなシステムの導入計画がなされるという事態も珍しくはない。

建築計画・設計の具体化に伴って建築が新たな運営や利用のアイディアを誘発し、結果として建築計画・設計の変更が生じることもある。

さらに、人為的要素が加わる。建築の基本設計の段階では開館まで3年近く（あるいはそれ以上の時間）もあり、実施設計段階でも開館まで2年近くある例が多い。そのため、設計段階ではまだ関係者の ICT に対する切迫感が希薄であることは止むを得ないことである。

3) 調達手法

ICT のシステムや機器の進歩速度は早く、最新のシステムや機器・装置でも早晩陳腐化する可能性が高い。それに対応する納入調達手法としては、常にベターな状態が維持できるように、買い取りではなくリース契約を前提とすることが多い。

4) 将来の更新への対応

機器類がリース契約となれば、機器は長くても5年ごとに更新される。5年後の機器は性能だけでなく、建築計画に直接関係するサイズも確実に変更される。また、新たなデバイスが付加される可能性もある。

さらに10年後にはシステム構成そのものが更新される可能性があり、15年後には全く別のシステムに置き換えられることになっても不思議ではない。

デジタル機器やシステムと比較すれば、建築や家具の寿命は長い。それゆえに、建築や家具は、幾度となく繰り返されることになると思われる機器の更新、システム更新を許容していかなければならない宿命を負っている。

したがって、建築本体も家具も将来の更新時には機器が変わることを前提として、融通性をもたせておくことが肝要である。

具体的には、初期に前提とする機器やその寸法にフィットさせ過ぎないことが重要である。機器類は、更新に際して高性能化とともにコンパクト化する可能性も高い。このことから、スペースの無駄を省きながらも、余裕をもって寸法設定することがポイントである。一方では機器が付加されて消費電力量が大きくなる可能性もあることから、各系統の電気容量にも余力を持たせておくことが必要である。

場合によっては、それ以上の変革がないとは断言はできない。遅れてやってくる主役への対応にも限度はあることを承知しておく必要もある。

建築計画・設計は、それらのことを前提に進行させることが必要である。

(2)ICTへの対応のプロセス

多くの場合、建築の計画・設計プロセスと、ICT導入プロセスは同時進行しない。そのことは解消されることはないと考えておくべきである。なぜならば、ICTは常に進化し続けているからであり、建築計画を追い掛けて決定するものだからである。また、建築設計者が関与しないところで発注手続きが行われることから、建築設計者側からは、ICT導入のプロセスが見え難いものとなることも少なくない。

建築設計者は、ハード・ソフトを含めて施設の全容を把握し、それが具体化されるスケジュールをコントロールすることが求められる。そのために、建築設計チームは図書館運営者や納入業者から随時に最新情報を収集して、主導的に調整を図る必要がある。一方で、図書館運営者や納入業者には、設計者に対する最新の情報提供を求めたい。

私たちは、ICTの特質を加味して、さらには図書館建設事業の特殊性を踏まえて、設計から工事までの各段階において、関係者との調整・確認を行っている。後掲のチェックリストを用いて、建築設計のプロセスとICT導入プロセスのタイムラグから生じるズレを排除して、最適な状態をつくることを心掛けている。

基本計画からICTが納入されるまでの、それぞれの段階における留意点を簡単に整理しておくことにする。

1) 基本計画段階

基本計画は、建築計画・設計の前段において、どのような図書館にするのか、どういうスケジュールで、どれくらいの投資をするのかを具体化するものである。主として図書館運営者が主体となって運営の計画を立案し、同時に、そのために必要な施設に対する要望を整理することとなる。

この段階では、ICT導入の方針とそのメニューを決定しておきたい。

2) 基本設計段階

基本設計は、基本計画に則って策定される。この段階では、平面計画・断面計画・構造計画等の建築本体の計画と、電気設備の仕様・諸元が具体化されることになる。また、それらの計画に基づいて、概算工事費の算出、工程計画の立案が行われる。

システムとして統合され、最新機器を導入するICTの性格上、建築本体に含むことは難しく、通常別途工事となる。建築・ICTを以下のように関係づけ決定しておきたい。そのとき表に示すように、工事区分の方針を明らかにしておく必要がある。

また、ICTのほかに運営側で用意する機器（特に電源を必要とするもの）について確認しておく必要がある。

・導入するICTのメニュー

・各装置の基本的なシステム

・機器の台数と設置位置

・工事区分（本体工事か別途工事か）

3）実施設計段階

　実施設計段階では、ICTの設置位置、および ICTを設置するための家具の位置を寸法が追える状態で確定することが必要になる。その位置が電源やLANのアウトレットの位置を決定し、その数を確定することになるからである。また、家具の形状・寸法も具体化されることから、性格に必要な機器を把握しておきたい。

　しかしながら、この段階でもまだシステムを含むICTについてはやや流動的なところがある。なぜなら、設計段階でICT調達のための発注がなされることは稀だからだ。PFI事業や指定管理の運営者が事前に決まっている場合はおおよそ決定することはできるが、それでも流動的な要素は残る。

　したがって、建築設計側としては、電源やLANのアウトレットの数は余裕をもって設定することを考えておきたい。

　併せて、工事の進捗を鑑みた詳細の決定時期を明らかにして、関係者に周知しておくことが必要である。

4）工事着手段階

　多くの場合、工事着手するころにようやくICTシステム等が発注され、納入業者が決定する。自治体の予算措置上止むを得ないことであると承知している。

　建築設計側としては、基礎工事着手のころ、土間工事の施工図段階までには、ICTとの最終確認を行いたい。この段階であれば、各機器の配置が設計段階からの大きな変更が生じても、十分調整がきくからである。

　しかしながら、多くの場合、この段階での調整が最終決定とはならない。運営側としては開館までの時間があり、調整期間内であることが多い。また、ICT納入側としても納入まで1年以上時間があることから、最終スペックであるとは言い切れないからである。

　それでも工事は進む。設計者側は、工事を進めなければならない施工者サイドからは指示を求められる。そのため、決まり切らないものを予測を含めて決めて施工者に指示することになる。

　運営者側に確認し、了解を取り付けたうえで、実施設計段階で余裕をみておいたアウトレットの位置と数を調整することが腕の見せ所になる。

図書館工事における本工事と別途工事（業務システム等）の工事区分

		本工事				別途工事				
		建築工事	電気工事	機械工事	EV工事	情報ネットワーク	業務システム	情報機器	映像コンテンツ	特殊設備
建築工事	□壁点検口	○								
	□天井点検口	○								
	□ＯＡフロア	○								
	□床配線ダクト	○								
	□サービスカウンターの製作	○								
	□通線用の穴あけ加工	○								
	□卓上コンセント、LANアウトレット	○								
	□上記への通線	○								
	□業務システム用機器の設置台	○								
	□通線用の穴あけ加工	○								
	□ＰＣの設置スペース、及び施錠	○								
	□その他									
電気設備	□各種機器用電源設備（コンセントまで）		○							
	□各種機器用電源設備（コンセント以降）									
	□無停電電源装置		○							
	□ＬＡＮ用配管工事		○							
	□ＬＡＮ配線工事									
	□その他									
機械設備	□サーバ室空調・換気設備			○						
	□貴重書庫関係のガス消火設備			○						
	□その他									
特殊設備	□ブドウ棚	○								
	□ブドウ棚への階段、キャットウォーク等	○								
	□機器用天井吊り金物	○								
	□特殊照明器具									
	□特殊音響器具									
	□調光設備									
	□操作卓									
	□その他									

工事種別	チェック項目	設備等の対応 基本設計					実施設計					工事段階				
		電源	LAN	床荷重	空調	消火	電源	LAN	床荷重	空調	消火	電源	LAN	床荷重	空調	消火
□別途工事	□情報ネットワーク構築															
	□共通事項															
	□大規模、複雑なネットワークとなる場合、別途工事となる場合は要確認															
	□どの端末、機器がどの経路を経てどこに接続させるのかの確認が必要															
	□床、壁、天井の施工時期に工事を行う可能性がある															
	□各箇所のアウトレット形状の確認必要															
	□各EPS内にフロアスイッチ、UPS等を設置するラックを設置するので、スペースには余裕を確保（800mm×800mm程度）															
	□館内情報配管構築															
	□本工事か別途工事か確認															
	□館内Wi-Fi 環境構築															
	□アンテナの設置位置確認															
	□天井内（近傍に点検口が必要）															
	□壁露出設置（意匠確認）															
	□業務システム用と利用者用と分ける必要があるので注意															
	□外部インターネット環境															
	□自治体ネットワーク環境															
	□サーバ室の検討															
	□ラックレイアウトの検討															
	□ラックサイズの確認															
	□ラック荷重の確認															
	□機器の発熱量の確認															
	□無停電電源装置（UPS）の有無															
	□図書館業務システム															
	□共通事項															
	□業務システム端末の形式を確認															
	□PC、ディスプレイが一体かセパレートかの確認															
	□配線経路の確認															
	□カウンター、筐体の穴あけ位置															
	□PCの放熱方法															
	□筐体のデザイン															
	□天板に強化ガラスを用いる場合は厚さチェック															
	□ピン角に注意（特に児童エリアは注意）															
	□自動貸出機															
	□ディスプレイ、アンテナ、カードリーダ等の機器確認															
	□配線穴と各種機器の関係を考慮															
	□筐体のPC置場、放熱方法															
	□自動返却機															
	□カウンター卓上式															
	□カウンターの設置場所確認															
	□電源、LAN設備															
	□返却口															
	□自動仕分機の有無（床荷重考慮）															
	□返却状況表示モニターの有無															
	□アンテナの方式															
	□PCの設置位置															
	□ブックポスト															
	□アンテナを設置するか確認															
	□口数、高さ、形状、施錠、雨対策等の検討															
	□集荷ボックスのサイズ確認															
	□蔵書検索機															
	□ディスプレイ、レシート、書籍マップ、筆記用具等の置場チェック															
	□配線穴と各種機器の関係を考慮															
	□筐体のPC置場、放熱方法															
	□予約本取り置きサービス															
	□棚アンテナ対応書架の確認															
	□電源装置の設置場所、電源数の確認															
	□BDSの有無															
	□棚アンテナ、BDSは金属等の干渉チェック															
	□検索機の有無															
	□自動貸出機の有無															
	□棚アンテナ															
	□アンテナの設置目的を把握（新着本、展示本等の把握）															
	□棚アンテナ対応書架の確認															
	□電源装置の設置場所、電源数の確認															
	□施設予約：VX															
	□ディスプレイ、リーダライタ、レシート等の置場チェック															
	□配線穴と各種機器の関係を考慮															
	□筐体のPC置場、放熱方法															
	□機器レンタル（タブレット、PCの貸し出し）															
	□貸出方法の確認（職員による手渡し、ICロッカー）															
	□ICロッカーの場合は電源、ロッカーサイズ等の確認															
	□学校支援システム															
	□端末の置場確認															
	□他館連携システム															
	□端末の置場確認															
	□BDS															
	□ゲートの間隔、連数、配管経路の確認															
	□パソコン、電源装置の設置場所の確認															
	□機種によっては入退館者のカウント可能															
	□金属や他のシステム機器との干渉チェック															
	□自動化書庫															
	□収容冊数、システムの確認															
	□出納場所、フロアの確認															
	□動力電源															

工事種別	チェック項目				設備等の対応															
					基本設計					実施設計					工事段階					
					電源	LAN	床荷重	空調	消火	電源	LAN	床荷重	空調	消火	電源	LAN	床荷重	空調	消火	
□別途工事	□情報機器																			
		□共通事項																		
			□筐体の固定方法（床アンカー、壁固定等）																	
			□筐体デザインと意匠デザインの統一化																	
			□PCの保管場所と放熱																	
		□デジタルサイネージ																		
			□表示内容の確認（サインとの連携）																	
		□電子新聞																		
		□利用案内サイネージ																		
		□室名・利用状況サイネージ																		
			□施設予約システムと連携させるか確認																	
		□環境音源（Koone）																		
			□アンプ・PCキャビネットの設置位置																	
			□先行配線の有無確認																	
			□インターネット接続タイプの場合はLAN配線必須																	
	□映像コンテンツ																			
		□共通事項																		
			□機器、ソフト等必要機器を把握する																	
		□ディスプレイ・プロジェクターの種類																		
			□ディスプレイのサイズ（インチ）																	
				□床固定の場合、アンカー設置の有無															
				□筐体はディスプレイとの干渉、放熱に注意															
				□スピーカーの内臓場所															
			□表示内容																	
				□インタラクティブ対応の場合はセンサーカメラの設置位置															
				□NHK映像アーカイブスの導入															
		□インタラクティブプロジェクション																		
			□映像ソフトの種類、数の確認																	
			□天井の設置方法確認																	
			□PC、キネクトの設置位置確認																	
		□各種コンテンツの作成																		
			□サインや他のシステムとのデザイン連携																	

| 工事種別 | チェック項目 | 設備等の対応 | | | | | | | | | | | | | | |
| | | 基本設計 | | | | | 実施設計 | | | | | 工事段階 | | | | |
		電源	LAN	床荷重	空調	消火	電源	LAN	床荷重	空調	消火	電源	LAN	床荷重	空調	消火
□本工事	□ホール・ギャラリー等のある場合															
	□共通事項															
	□特殊機器の工事区分を明確にする															
	□特殊器具が別途工事であっても本体工事で考慮すべき点を明確にする															
	□電源、LAN配管、天井補強、天井吊り材、ブドウ棚等															
	□特殊照明設備															
	□照明器具本体の工事範囲															
	□調光設備の工事範囲															
	□バトン等昇降装置の工事範囲															
	□ライティングレールの有無、工事範囲															
	□特殊音響設備															
	□音響設備の工事範囲の確認															
	□調整卓の工事範囲															
	□スピーカ等本体設備の工事範囲															
	□映像設備															
	□ディスプレイ															
	□天井吊り、壁付けで補強を検討															
	□筐体を計画する場合があるので考慮															
	□展示設備関係															
	□展示台の工事範囲															
	□ピクチャーレールの有無、仕様、高さ															
	□移動式展示方式															
	□ランニングキューブ（照明の有無）															
	□スライディングウォールの仕様（遮音、仕上げ等）															
	□収納スペースの検討															
	□その他															
	□入退館者カウンター装置															
	□BDSとの重複に注意															
	□センサーの設置場所の確認															
	□非常用発電設備															
	□どのエリアをG回路とするか要確認															
	□無停電電源装置（UPS）															
	□本工事か別途工事か確認															
	□どのエリアをカバーするか確認															
	□磁器ループ															
	□機器の貸し出し場所確認															
	□音声案内の有無、有の場合は場所確認															
	□玄関、総合案内サイン、トイレ、昇降機等															
	□聴覚障害者用フラッシュライト															
	□方式、設置場所の確認															
	□手動、報知器連動か確認															
	□セキュリティー関係															
	□機械警備															
	□管理者用電気錠（タッチ式、非接触式等の確認）															
	□図書館職員用電気錠（タッチ式、非接触式等の確認）															
	□報知器連動によるパニックオープンが必要な場所の確認															
	□ホームページの作成															
	□デザインの統一化															
	□パンフレットの作成															
	□デザインの統一化															
	□カフェの設置															
	□運営会社との協議															
	□目的外利用の面積を明確にする															
	□工事区分（A・B・C工事の共有）															
	□C工事の施工時期															
	□電話、LANの工事区分															
	□子メーターの工事区分															
	□厨房がある場合、床レベルの確認															
	□臭気対策、ゴミの処分方法の確認															

おわりに

執筆は手強い仕事である。目的を見定め、枠組みを設定し、各部細部を掘り下げ、再度全体に還元して枠組みを調整する。その作業を幾度となく繰り返すうちに過不足が適正化していき、所期の目的に到達する。思考と作業の過程は建築の設計とほぼ同じ手順を採る。しかしながら、時に齟齬の是正に留まらず、設定した枠組みの修正まで遡ることにもなる。さらに、図版や写真が言葉を補うかと思えば、図版や写真と言葉の整合に腐心するパラドックスに見舞われる。それでも、なんとか世にさらす体を見たのではないかと思っている。

私は建築家である。建築を考え、課題解決を図りながら具体化し、現実のものに転換することが日課である。そして、私たち三上建築事務所の全ての仕事は私が主たる設計者である。建築主に対しても、法令上においても、設計する建築に対する全ての責任は私が負っている。その自負が建築家の本分だと信じている。

2013年に開館した豊後高田市図書館以後、幸いにも数件の図書館建築を設計する機会に恵まれた。けれども、当然のことながら、私ひとりが三上建築事務所の全てではない。よりよい建築を目指す若いスタッフの前向きで献身的な働きがあって、三上建築事務所の建築は具体化し、そして実現に至る。その成果はチームでの仕事の成果である。

事務所の多くのスタッフが図書館建築の実践に関わり、実践の中で図書館の進化を実感し、進化過程における課題の解決を図ることとなっている。その成果は実践事例としてストックされる。ストックの増加に対応して管理も体系化され、プロジェクトのプロセスや成果物の資料も整理された状態で保存されている。マネジメントもまたチームとして行っている。私自身は、ふたつの国立大学で教える機会を得て、改めて建築と図書館を学び直す機会となっている。私たちの事務所も私自身も日々変化の渦中にいる。

本書では、私たちの変化の過程の中で生まれた3つの図書館を紹介した。場所と相手によって、異なる様相は、私たちの得意とするところでもあり、進歩の表れでもある。しかし、私たち設計者は発注者がいてはじめて建築をつくることができる。しかも、出来上がった建築は、エンドユーザーとしての市民のものである。

3つの施設の発注者である愛知県安城市・神谷学市長、石川県野々市市・粟貴章市長、岡山県玉野市・黒田晋市長はじめ3市の大勢のご担当の方々には設計過程、工事段階において大変お世話になり、多大なご指導もいただいた。改めてお礼を申し上げたい。

そして、3つの図書館は多くの方々の支援と協力があって実現した。私たちの立場と意思を尊重してくださった方々のお蔭で、私たちは3つの図書館建築の設計者と成り得たと思っている。それぞれの図書館で協働した方々と面倒な仕事を実現して下さった施工者の方々に改めて感謝申し上げたい。

そうした大勢の方々が居て、本書の種は出来上がった。写真は長年私たちの建築を撮影していただいている堀内広治氏によるものである。写真使用を快諾いただいたことに感謝したい。

また本書は、株式会社図書館流通センター代表取締役 石井昭氏の力強い後押しをいただいたことで出版が現実のものとなり、前2作同様に株式会社図書館総合研究所取締役 野田幸子氏のプロデュースによって日の目を見ることになった。さらに、執筆過程においては、図書館総合研究所や図書館流通センター・IC事業部からは多くの情報提供をいただいた。心より感謝申し上げたい。

出版を快くお引き受けいただいた丸善出版株式会社に感謝申し上げ、結びとしたい。

2017年12月

益子　一彦

著者略歴
1983 年 3 月　武蔵工業大学工学部建築学科卒業
1983 年 4 月　三上建築事務所入所
2005 年 10 月　三上建築事務所代表取締役所長に就任，現在に至る
2016 年より　　茨城大学大学院理工学研究科非常勤講師
2017 年より　　筑波大学情報学群知識情報・図書館学類非常勤講師
　　　　　　　　一級建築士

著　書
『図書館/建築/開架/書架』（1999 年，丸善）
『コンパクト建築設計資料集成＜バリアフリー＞』（2002 年，日本建築学会編（共著），丸善）
『図書館空間のデザイン─デジタル化社会の知の蓄積』（2011 年，丸善出版）
『デジタル化時代の図書館空間』（2013 年，情報の科学と技術）

主な受賞作品
1998 年　下館市立図書館(2000 年日本図書館協会建築賞)
2000 年　十王町立図書館(2002 年日本建築士事務所協会連合会優秀賞)
2004 年　結城市民情報センター
2005 年　置戸町立図書館(2006 年日本図書館協会建築賞)
2006 年　潮来市立図書館(2008 年日本図書館協会建築賞，平成 19 年度日事連建築賞・奨励賞)
2007 年　稲敷市立桜川中学校(2008 年茨城県建築文化賞・最優秀賞)
2013 年　豊後高田図書館(2013 年北米照明学会グッドデザイン賞)
2014 年　熊本大学付属図書館リノベーション
2016 年　矢祭町立矢祭小学校
2017 年　玉野市立図書館・中央公民館
2017 年　安城市中心市街地拠点施設整備事業「アンフォーレ」
2017 年　野々市地区整備事業文化交流施設「学びの杜ののいちカレード」

　　　　続・図書館空間のデザイン──実践 3 事例と ICT 導入法

　　　　　　　　　　　　　　　平成 30 年 1 月 10 日　発　行

　　著作者　　益　子　一　彦

　　発行者　　池　田　和　博

　　発行所　　丸善出版株式会社
　　　　　　　〒101-0051　東京都千代田区神田神保町二丁目17番
　　　　　　　編集：電話(03)3512-3266／FAX(03)3512-3272
　　　　　　　営業：電話(03)3512-3256／FAX(03)3512-3270
　　　　　　　http://pub.maruzen.co.jp/

印刷・富士美術印刷株式会社／製本・株式会社 星共社
ISBN 978-4-621-30223-1　C3052　　　　　　Printed in Japan